<그리스도인이면 꼭 알아야 할 성경 지식>

다윗의 이야기가 있는 시편 II

서울솔로몬학교 성경연수원

차 례

이 책에 인용된 성경 구절은 〈한글킹제임스성경〉입니다.

제1과
십인들이 사울에게 고했을 때(54편)

『그는 모든 고난에서 나를 구하셨고 내 눈이 내 원수들 위에 임하는 그의 열망을 보았도다』(시 54:7).

도피 생활 중에 지어진 시

시편 54편은 그 표제가 「느기놋에 맞추어 악장에게, 마스킬, 다윗의 시, 십인들이 사울에게 가서 말하기를 "다윗이 우리와 함께 숨지 아니하였나이까?" 하였을 때.」이다. 본 시편은 문자 그대로 십인들이 다윗을 사울에게 넘겨주려고 밀고했을 때 드려진 기도의 시로서, 다윗이 사울에게 쫓겨 다니던 도피 생활 가운데 지어졌다.

다윗의 "십 광야" 도피 여정

사울에게 쫓겨 다니던 다윗의 첫 번째 여정(삼상 21:1-23:5)에서는 다윗과 함께 유랑할 동료들이 모여들었는데, 이 기간에 다윗이 거쳐 간 곳은 다음과 같다.

① **"놉"**(삼상 21:1-9) - 놉의 제사장 아히멜렉에게 도움을 요청하여 골리앗의 칼을 취한 일이 사울의 목자장 도엑에게 목격되었다.

② **"가드"**(삼상 21:10-15) - 가드 왕 아기스에게 피신했다가 아기스를 무서워하여 미친 척했다.

③ **"아둘람 굴"**(삼상 22:1,2) - 가드를 떠나 아둘람 굴로 피하자 부모와 형제들이 왔고, 그곳에서 유랑 동료 약 400명을 규합했다(삼상 23:13에서는 600명으로 증가).

④ **"모압"**(삼상 22:3,4) - 부모를 모압 왕에게 인도하여 피신케 했다.

⑤ **"하렛 숲"**(삼상 22:5) - 다윗 자신은 선지자 갓의 조언에 따라 유다 땅 하렛 숲으로 들어가고, 그 사이 사울은 도엑을 시켜 놉 제사장 팔십오 명을 학살했다(삼상 22:6-19). 학살에서 살아남은 아비아달(제사장 아히멜렉의 아들)을 다윗이 받아들였다(삼상 22:20-23).

⑥ **"크일라"**(23:1-5) - 크일라를 약탈하는 필리스티아인들을 쳐서 크일라 거민들을 구했다.

다윗의 두 번째 도피 여정에서는 "**사울에 의한 본격적인 추격전**"이 있었는데(삼상 23:6-26:25), 바로 이 부분에서 "**십 광야에서의 고난**"이 있게 된다.

① **"크일라"**(삼상 23:6-12) - 다윗은 아비아달이 가져온 에봇으로 주님께 크일라 사람들이 자신을 사울에게 넘겨줄 것인지를 물었다. 에봇을 통해 크일라 사람들의 배신이 계시되자, 다윗은 그 배은망덕한(삼상 23:1-5) 크일라 사람들을 떠나서 갈 수 있는 데까지 갔으며, 이를 안 사울이 추격을 중지했다(삼상 23:13).

② **"광야의 요새들과 십 광야"**(삼상 23:14-23) - 십인들이 다윗을 사울에게 넘겨주려 하자(삼상 23:19,20) 다윗은 마온 광야로 피했다.

③ **"마온 광야"**(삼상 23:24-28) - 사울이 마온 광야의 "셀라함말레곳"에서 다윗을 코너로 몰면서 추격전을 펼쳤지만 필리스티아인들의 침략 소식을 듣고서 철수했다.

④ **"엔게디 광야"**(삼상 23:29-24:22) - 다윗은 어떤 굴에 발을 가리려고 들어간 사울의 목숨을 그의 겉옷자락만 베고서 살려 주었다. 다윗은 기름부음 받은 왕의 옷자락을 베고서 양심이 찔렸고, 원수인 자신을 죽이지 않은 것을 안 사울과 눈물어린 맹세를 맺었다.

⑤ **"파란 광야"**(삼상 25:1) - 선지자 사무엘이 죽자, 다윗은 파란 광야로 내

려갔다.

⑥ **"유다의 갈멜"**(삼상 25:2-44) - 배은망덕한 나발과 현명한 아비가일의 이야기가 있었던 곳이다.

⑦ **"십 광야"**(26장) - 다윗은 자신을 잡으러 온 사울의 목숨을, 사울과 아브넬이 잠든 진영으로 들어가서 사울의 창과 물병만을 취함으로써 한 번 더 살려 주었다.

사울의 시기심 - 다윗이 도피하게 된 원인

다윗의 도피 생활은 사울의 시기심에 그 원인이 있었다. 시기는 가장 무서운 죄이며 "원죄"라고도 할 수 있다. 모든 악은 사탄과 함께 시작되었는데(겔 28:15), 사탄 안에 있던 "원죄"는 하나님을 향한 "시기심"이었다. **『내가 하늘에 올라가서 내가 내 보좌를 하나님의 별들보다 높일 것이요... 내가 구름들의 높은 곳들 위로 올라가, 내가 지극히 높으신 분같이 되리라』**(사 14:13,14). 마귀는 하나님을 "시기"했고, 거기서 모든 문제가 시작된 것이다.

육신적인 그리스도인의 두드러진 특징 중 하나 역시 **"시기"**인데(고전 3:1-3), 피터 럭크만 목사는 시기의 유형을 다음과 같이 정의했다.

첫째, 인간은 다른 사람의 권위나 힘을 시기한다. 즉 "어떤 분야에서 누가 혹은 무엇이 최고인가"에 관심을 갖는 것이다. 사람들은 평생 동안 권위를 얻으려고 안간힘을 쓰면서 다른 사람의 힘과 권위를 시기하는데, 바로 여기에서 문제가 발생한다. 성경을 변개시키는 자들은 절대 권위이자 최종권위인 〈킹제임스성경〉을 시기하여 그 성경을 변개된 성경들로 대체하고 싶어 한다. 원초적으로 보면 하나님을 시기했던 루시퍼에게서 발현된 죄다.

둘째, 어떤 성도는 다른 성도가 사역자로 부르심을 받는 것을 시기한다. 하나님께서는 모세를 부르셔서 이스라엘 민족을 이집트에서 이끌어 내어 약속의 땅으로 인도하게 하셨다. 마찬가지로 그의 형 아론을 선정하여 대제사장으로 삼으셨고, 그의 누이 미리암은 여선지자로 삼으셨다. 그럼에도 아론과 "미리암"은 그들의 형제 모세를 시기했다. 『**주께서 참으로 모세를 통해서만 말씀하시느냐? 우리를 통하여서도 말씀하지 아니하시느냐?**』(민 12:2) 바로 이 때문에 미리암은 문둥병자가 되어 칠 일 동안 진영 밖에 있어야 했다. 그 후 얼마 안 있어 "250명의 레위인들"이 아론의 직분을 시기했다가 하나님의 불로 소멸되기도 했다(민 16:1-35). 요한삼서에 등장하는 "디오트레페"는 지역 교회의 목사였는데, 그 교회에서 으뜸이 되기를 좋아하여, 복음을 전하러 여행을 하는 형제들을 시기하여 문제를 일으켰다(요삼 1:9,10).

셋째, 어떤 성도는 다른 성도의 의로움과 영적 성장을 시기한다. 카인이 자기 형제 아벨을 죽인 이유는 『**그 자신의 행위는 악하고 그 아우의 행위는 의로웠기 때문**』이다(요일 3:12). 암흑시대에 카톨릭교도들이 진짜 그리스도인들을 죽인 이유도, 현재 모슬렘들이 그리스도인들을 죽이고 있는 이유도, 그들 모두는 하나님의 의를 소유하지 못한 반면, 그리스도인들은 그 의를 소유했기 때문이다. "하나님의 의"는 예수 그리스도이시다(롬 10:3,4). 마리아나 마호메트가 아닌 예수 그리스도를 믿었을 때 하나님의 의를 값없는 선물로 받게 된다(롬 10:9,10; 5:17,18).

넷째, 어떤 성도는 다른 성도가 하나님과 갖는 교제를 시기하기도 한다. 다윗을 시기한 사울은 그를 살해하려고 했다. 하나님께서 그와 함께하시고 자기와는 함께하지 않으심을 알았기 때문이다. 바리새인들이 예수님을 시기한 이유 중 하나는 주님께 큰 무리가 모여들었기 때문이다.

다섯째, 사람들은 다른 사람이 가진 돈을 시기한다. 이것이 마르크스의 공산주의가 시작된 이유이다. 즉 "갖지 못한 자들"이 자본을 투자하고 일자리를 창

출해서 자기들을 고용하는 "가진 자들"을 시기한 것이다. 마르크스주의는 "국민의, 국민에 의한, 국민을 위한 정부"를 위해 만들어진 이념이 아니라, 다른 사람의 돈에 대한 탐심에서 비롯되었다. 마르크스는 평생토록 빈털터리 거지로 살았다. 다른 사람들에게 빌붙어 살았고, 직업도 없었으며, 술에 찌들어 지냈다. 여자 하인을 범했고, 자녀들 중에서 둘은 굶어 죽었으며, 셋째 자녀는 자살했다. 이것이 바로 마르크스주의다. 즉 "내가 먼저, 너는 그다음!"인 것이다. 마르크스는 부자들처럼 일하지 않으면서 그들이 가진 것을 얻고 싶어 했다. 그는 한 번도 농장이나 공장에서 일해 본 적이 없는, 일자리를 얻지 못한 언론인이었다.

시기는 하나님께 쓰임받지 못하게 되는 첩경이다. 『분노가 미련한 자를 죽이고 시기가 어리석은 자를 죽이느니라』(욥 5:2). 하나님을 섬기는 그리스도인은 시기에 대해서 반드시 승리해야 한다. 시기심이 생긴다면, "과연 나는 저 성도가 감당해 온 일을 할 수 있는가?"를 자문해야 한다. 그리고 하나님께서 내게 주신 환경에 감사하고, 부르심받은 그 모습으로, 부르심받은 그 자리에서 순수하고 겸손하게 주님을 섬겨야 한다(롬 12:3-11). 지상에서의 겸손한 섬김을 통해 셋째 하늘에서 상을 받아야 하는 것이다.

다윈을 밀고하는 십인들

『오 하나님이여, 주의 이름으로 나를 구원하시고 주의 힘으로 나를 판단하소서. 오 하나님이여, 나의 기도를 들으시

고 내 입의 말에 귀를 기울이소서. 타국인들이 나를 대항해서 일어나며 압제자들이 내 혼을 찾나이다. 그들은 하나님을 자기들 앞에 두지 아니하였나이다. 셀라』(1-3절).

다윗은 사울이 자기 생명을 찾아 나선 것을 보고 십 광야에 있는 숲속에 머물렀다. 이때 십인들이 사울에게 다윗을 밀고하는데, 다윗이 위와 같은 간절한 기도를 하게 된 배경에 대해 성경은 다음과 말씀한다. 『**그때 십인들이 기브아로 올라와 사울에게 이르러 말하기를 "다윗이 우리와 함께 여시몬 남쪽에 있는 하킬라 산의 숲속 요새들에 숨어 있지 아니하나이까? 그러므로 오 왕이여, 이제 왕의 혼이 내려오기를 열망하는 대로 내려오소서. 우리가 할 일은 그를 왕의 손에 넘겨드리는 것이니이다." 하니 사울이 말하기를 "너희가 주께 복을 받을지어다. 이는 너희가 나를 동정하였음이니라. 내가 청하노니, 너희는 가서 대비하고 그의 소굴이 어느 곳에 있는지, 또 누가 거기서 그를 보았는지 알아보라. 이는 그가 심히 교묘하게 행동한다고 내가 들었음이라**』(삼상 23:19-22).

그야말로 다윗은 자신을 배신하는 십인들로 인해 하나님만을 의지해야 할 상황이었다(1,2절). 『**타국인들이 나를 대항해서 일어나며 압제자들이 내 혼을 찾나이다. 그들은 하나님을 자기들 앞에 두지 아니하였나이다. 셀라**』(3절). 3절에 있는 『**셀라**』라는 말은 대환란 끝에 구원받게 될, 박해받는 남은 자에게 "교리적으로" 적용된다. 시편에서 총 71회 등장하는 "셀라"는 그 전후 문맥이 "대환란"과 "재림"이며, 이 점을 반영하면 시편을 "교리적으로" 해석하는 데 큰 도움이 된다(시 3:2,4,8; 9:16; 24:10; 32:4,5; 52:5 등). 따라서 본문 1-3절은 대환란 때 적그리스도에게 박해받는 유대인 환란 성도의 간절한 기도로 읽을 수 있다.

다윗은 이스라엘의 왕으로서 기름부음을 받고 백성들의 지지를 얻고 있었다는 이유로 고난을 겪고 있었다. 이러한 고난은 그의 죄 때문이 아니었다. 이 점은 유대인의 왕으로 오신 예수님께서 까닭 없이 겪으셔야 했던 고난과 그 맥을 같이한다. 즉 의인에게는 고난이 많은 법이다. 『**의인은 고난이 많으나 주께서 그 모든 고난으로부터 그를 구해 내시는도다. 주께서 그의 모든 뼈를 간수하사, 그 중에 하나도 부러지지 않게 하시는도다**』(시 34:19,20). 초림 당시 예수님의 고난과 주님의 십자가를 예언한 이 말씀은, 이 악한 현 세상에서 당하는 의인의 고난은 의인 자신의 몫이며, 그것을 기꺼이 감수할 때 하나님께서 그 모든 고난으로부터 구해 내 주신다는 점을 보여 준다. 그리스도인은 영광의 주를 십자가에 못박은 현 세상에서 어떤 위로도 기대해선 안 된다.

다윗이 거쳐 간 "십 광야"는 성도가 거쳐 가야 할 "광야 같은 세상"을 보여 준다. 히브리어 "**십**"은 "**제련소**"를 뜻한다. **현 세상은 우리 그리스도인들이 거쳐 가야 할 "십 광야"이며, 우리는 그곳에서 "제련된다."** "제련"은 "광석을 용광로에 넣고 녹여서 함유한 금속을 분리 · 추출하여 정제하는 일"을 말한다. 그리스도인은 그를 적대시하는 세상에서 겪는 고난을 통해 자기 안에 있는 "죄의 불순물"을 제거하고 하나님께 쓸모 있는 것들만을 소유하게 된다. 그뿐 아니라 고난의 불로 단련되는 "**믿음의 시련**"은 예수 그리스도께로부터 오는 "**칭찬과 존귀와 영광**"을 가져오기까지 한다(벧전 1:7). 『**선을 행하다가 고난을 받고 참으면 그것은 하나님께서 기뻐하실 만한 것이 되느니라. 이를 위하여 너희가 부르심을 받았으니, 그리스도도 우리를 위하여 고난을 받으시고, 우리에게 한 본을 남겨 놓으시어, 너희로 그의 발자취를 따르게 하셨느니라**』(벧전 2:20,21).

주의 이름

『**주의 이름으로 나를 구원하시고**』(1절). 고난의 때에 성도를 구원하는 것은 『**주의 이름**』이다. 그 이름은 『**모든 이름 위에 있는**』 이름인 『**예수**』인데(빌 2:9,10), 이 이름의 뜻은 "여호와께서 구원하신다."이다.

현 세상에서 고난을 겪는 우리를 구원할 이름은 『**예수**』뿐이다. 이 거룩한 이름을 의지할 때 고난을 감당할 수 있고, 또 구원받을 수도 있다.

다윗의 혼을 붙들어 준 요나단

『보라, 하나님은 나를 돕는 분이시라. 주께서는 내 혼을 붙들어 주는 자들과 함께하시는도다』(4절).

다윗이 십 광야의 숲속에 숨어 있을 때 그를 찾아와 격려해 준 이가 있으니 바로 "요나단"이다. 『**다윗이 광야에 있는 요새들에도 머물렀고, 십 광야에 있는 산에서도 지체하였더라. 사울이 매일 그를 찾았으나 하나님께서 다윗을 그의 손에 넘겨주지 아니하시더라. 다윗은 사울이 자기 생명을 찾아 나선 것을 보고 십 광야에 있는 숲속에 있더라. 사울의 아들 요나단이 일어나 숲속에 있는 다윗에게 가서 하나님 안에서 그의 손에 힘을 돋워 주니 요나단이 다윗에게 말하기를 "두려워 말라. 내 아버지 사울의 손이 너를 찾아내지 못하리라. 네가 이스라엘을 다스리는 왕이 될 것이요, 나는 네 다음이 되리라. 내 아버지 사울도 그것을 아느니라." 하고 그들 둘이 주 앞에서 언약한 후, 다윗은 그 숲에 남고 요나단은 자기 집으로 돌아가니라**』(삼상 23:14-18). 요나단은 아버지 사울왕이 다윗의 일로 인해 자신을 창으로 치려 한 것을 보고서, 사울이 다윗을 죽이려고 결심한 것을 알게 된다(삼상 20:31-33). 요나단은 들에 숨어 있는 다윗에게 사전에 약속했던 대로 화살을 쏘아 사울의 결심을 알리고(삼상 20:19,22,37,38절),

자신과 다윗이 주의 이름으로 맹세했던 바를 기억해 달라면서 다윗에게 마지막 말을 전한다(삼상 20:42). 이후 요나단은 십 광야 숲속에 있는 다윗을 찾아가 하나님 안에서 다윗의 손에 힘을 돋워 주고 다윗이 이스라엘의 왕이 될 것이라고 말한 뒤 그와 주 앞에서 언약하고 자기 집으로 돌아간다(삼상 23:16-18).

요나단이 다윗의 혼을 붙들어 주었듯이, 대환란 때 적그리스도에게 박해받는 유대인 환란 성도들을 돕는 이방인들이 있을 것인데, 주님께서는 대환란 때 그분의 백성인 유대인들을 먹이고 찾아와 주는 이방인들을 존중해 주실 것이다(마 25:31-46). 『**주께서는 내 혼을 붙들어 주는 자들과 함께하시는도다**』(4절).

고난에 처한 성도들을 돕는 것은 하나님께서 존중해 주실 선한 일이다. **고난을 통과하는 성도 주변에는 소수의 "요나단"과 다수의 "십인들"이 있을 수 있다.** 하나님께서는 우리가 "**어떤 사람**"이 되기를 원하시겠는가? 하나님께서는 『**우리의 모든 환난 가운데서 우리를 위로하시는 분**』(고후 1:4)이시다. 『**낙심한 자들을 위로하시는 하나님**』(고후 7:6)께서는 우리가 서로 위로하고 서로를 세워 주며 낙담한 자들을 위로하고 약한 자들을 붙들어 주기를 원하신다(살전 5:11,14). **지역 교회 안에 "십인들"이 늘어날 때 그 교회는 감시와 정죄의 감옥으로 전락한다**.

다윗이 맛본 주의 선하심

『그가 나의 원수들에게 악으로 갚으시리라. 주의 진리로 그들을 단절하소서』(5절).

본문은 대환란 끝에 적그리스도와 그의 추종자들의 군대에게 일어나는 일을 묘사하고 있다. 『**주의 진리로 그들을 단절하소서**[cut them off in thy truth].』는 문자 그대로 "잘라 버리는"(cut off) 것을 의미한다. 자르는 도구는 『**주의 진리**』인데, 『**진리**』는 곧 『**말씀**』을 가리킨다. 『**아버지의 진리로 그들을 거룩하게 하여 주옵소서. 아버지의 말씀은 진리니이다**』(요 17:17). 하나님의 말씀은 양날 있는 어떤 칼보다도 예리한 칼이다(히 4:12). 하나님께서는 재림 때 주 예수 그리스도의 입에서 나오는 그 "말씀의 칼"(엡 6:17)로 적그리스도의 세력을 "잘라 버리실" 것이다. 『**또 내가 하늘이 열린 것을 보니 흰 말이 보이더라. 그 위에 앉으신 분은 신실과 진실이라 불리며 의로 심판하고 싸우시더라... 피에 적신 옷을 입었는데 그의 이름은 하나님의 말씀이라고 불리더라... 그의 입에서는 예리한 칼이 나와서 그것으로 민족들을 칠 것이요**』(계 19:11,13,15).

영적으로 볼 때도, 하나님의 『**진리**』를 말하면 무언가를 "**잘라 버리게**" 된다. 그 양날 가진 칼로 인해 배교한 신학교들과 교회들이 베어져 버려 그들의 실체가 드러나는 것이다. 『**하나님의 말씀은 살아 있고 능력이 있어 양날이 있는 어떤 칼보다도 예리하여 혼과 영, 그리고 관절과 골수를 찔러 가르고 마음의 생각들과 의도들을 판별하느니라. 그 어떤 피조물도 그분 앞에 나타나지 않는 것이 하나도 없나니, 오직 만물이 우리가 회계해야 하는 그분의 눈 앞에 벌거벗은 채로 명백히 드러나게 되느니라**』(히 4:12,13).

『내가 자원하여 주께 희생제를 드리리이다. 오 **주**여, 내가 주의 이름을 찬양하리니, 이는 주의 이름이 선하심이니이다』(6절).

『**내가 자원하여 주께 희생제를 드리리이다.**』라는 말씀은 주님께서 시온을 향하여 선을 행하시고 예루살렘 성벽들을 쌓으실 때로, "**재림**" 때를 가리킨다. 그때 주님께서는 의의 희생제들과 번제와 온전한 번제를 기뻐하실 것이고, 유

대인들은 주의 제단에 수송아지들을 드릴 것이다(시 51:18,19). **그러나 다니엘의 칠십 째 주의 중간 이후에는 희생제를 자원하여 드릴 수 없다(단 9:27). 왜냐하면 "죄의 사람"이 환란 성전의 자비석에 앉아(살후 2:4) 인신제사를 받고 있을 것이기 때문이다**. 자원하여 드리는 올바른 희생제들은 주님께서 돌아오신 이후에 회복된다(겔 42-44장).

다윗은 주의 이름이 선하시기 때문에 주의 이름을 찬양할 것이라고 노래한다. 『**선하심**』은 하나님의 칭호가 아니라 속성이다. 『**진실로 선하심과 자비하심이 내 생애의 모든 날 동안 나를 따르리니 내가 주의 전에 영원히 거하리로다**』(시 23:6). 『**오, 주의 선하심을 맛보아 알지어다. 그를 의지하는 자는 복이 있도다**』(시 34:8).

『그는 모든 고난에서 나를 구하셨고 내 눈이 내 원수들 위에 임하는 그의 열망을 보았도다』(7절).

교리적으로, 이 구절은 대환란 끝에 구원받는 유대인에게 적용된다.

우리가 시편 54편에서 주목해야 할 것은 바로 이 "7절"인데, 이는 다윗이 십인들의 배신에 위협을 느낀 상황에서 "**하나님의 구원이 이미 완료된 것처럼**" 노래했기 때문이다. 여기서 우리가 관심을 가져야 할 것은 바로 이것이 "**믿음**"이라는 것이다. 우리는 주님을 열심을 다해 "**믿어야**" 한다(히 11:6). 하나님께 구했으면 "**이미 받은 것으로 믿어야**" 한다(막 11:24). 하나님께서는 다윗의 그와 같은 믿음에 섭리적으로 응답하셨으니, 바로 "**셀라함말레콧**"에서였다. 『**그리하여 사울이 다윗을 추격하는 데서 돌이켜 필리스티아인들을 치러 갔으므로 그곳을 셀라함말레콧이라 부르니라**』(삼상 23:28).

다윗이 이름 붙인 "**셀라함말레콧**"은 "**분리의 바위**"라는 뜻으로, 당시 다윗은 독 안에 든 쥐와 같이 위급한 상황이었다(삼상 23:26). 급기야는 "큰 바위"를 사이에 두고 사울과 마주하는 지경에 이르렀는데, 사울이 그 바위만 지나오면 다윗은 영락없이 곤경에 처할 수밖에 없었다. 그런데 바로 그때 사울에게 "필리스티아인들이 쳐들어왔으니 빨리 돌아가야 한다"는 "다급한 전갈"이 날아온다(삼상 23:27). 하나님께서 사울의 손에서 다윗을 구해 내시려고 적기에 필리스티아인들을 움직이신 것이다. 결국 사울과 그의 군대는 바위 앞에서 추격을 멈추고 돌아가야 했다. **다윗은 자신과 사울이 분리되었던 그곳의 이름을 "셀라함말레콧"(분리의 바위)이라고 부른 것이다. 다윗과 사울을 분리시켰던 "바위"는 마귀가 가까이 다가와도 성도를 손댈 수 없게 하는 궁극적인 방어자를 보여준다. 그 방어자는 "반석"(Rock)이신 "예수 그리스도"이시다(삼하 22:2,32, 고전 10:4)**.

하나님께서 다윗이 가장 위험할 순간에 사울을 철수시키신 것처럼, 주님께서는 성도들을 위해서 "적기"에 일하신다. 우리가 인생의 문제로 신음할 때, 그 벼랑 끝에서 더 이상 전진할 희망이 없을 때 하나님의 극적인 도우심이 하늘로부터 주어질 수 있다. 따라서 인생이 힘들다면 위를 쳐다보아야 하는 것이다!

■ 새롭게 깨달았거나 적용할 내용이 있다면 적어 보세요. ■

제1과
복습문제

1. 다윗의 도피 생활은 사울의 ( )에 그 원인이 있었다.

2. 시편에서 총 71회 등장하는 "셀라"는 그 전후 문맥이 "대환란"과 "재림"이며, 이 점을 반영하면 시편을 "( )적으로" 해석하는 데 큰 도움이 된다.

3. 그리스도인은 영광의 주를 십자가에 못박은 현 세상에서 어떤 ( )도 기대해선 안 된다

4. 현 세상은 우리 그리스도인들이 거쳐 가야 할 "십 광야"이며, 우리는 그곳에서 "( )된다."

5. 고난의 불로 단련되는 "믿음의 시련"은 예수 그리스도께로부터 오는 "( )과 ( )와 ( )"을 가져오기까지 한다(벧전 1:7).

6. "셀라함말레콧"은 "( )의 바위"란 뜻이다.

■ 새롭게 깨달았거나 적용할 내용이 있다면 적어 보세요. ■

NOTES

NOTES

제2과
필리스티아인들이 가드에서 다윗을 붙잡았을 때(56편)

『내가 내 신뢰를 하나님께 두었으니 나는 사람이 내게 행하는 것을 무서워하지 아니하리이다』(시 56:11).

무서워할 때 주를 두려워하라

『오 하나님이여, 나에게 자비를 베푸소서. 사람이 나를 삼키려 하고 날마다 공격하며 나를 압제하나이다. 나의 원수들이 날마다 나를 삼키려 하나이다. 오 주, 지극히 높으신 분이여, 나를 대항하여 싸우는 자들이 많나이다. 내가 무서워할 때에 주를 신뢰하리이다. 하나님 안에서 내가 주의 말씀을 찬양하리니 내가 나의 신뢰를 하나님께 두나이다. 나는 육체가 내게 행할 수 있는 것을 두려워하지 아니하리이다』(1-4절).

표제가 「요낫엘렘레코킴으로 악장에게, 다윗의 믹탐, 필리스티아인들이 가드에서 그를 붙잡았을 때.」로 되어 있는 시편 56편은, 사무엘상 21장에서 가드 왕 아키스에게로 도망간 다윗을 아키스의 신하들이 "백성들의 환호를 받은 이스라엘의 왕"으로서 알아보자 붙잡혀 죽을 것 같은 두려움이 일 때 지은 시이다.

"요낫엘렘레코킴"이라는 기다란 표제어는 "멀리 있는 테레빈나무들의 비둘기"라는 뜻으로, 교리적으로 이것은 다윗이 "비둘기"의 "날개"로 날아가기를 갈망했던(시 55:6) 그 광야로 도망할 환란 때의 유대인들을 언급하는 것이다. 대환란을 통과하는 유대인 환란 성도는 그 어느 시대의 그 어떤 성도보다도 더 두려움을 이기고 주님만을 신뢰해야 할 상황에 처하게 되는데, 그 이유는 그들을 "날마다 공격하고" "날마다 삼키려 하는"(1절) 적그리스도의 박해가 상존하기 때문이다. 대환란 때의 유대인들을 대항하여 싸우는 자들이 많다는(2절) 점은 스가랴 14:1,2에서 계시하고 있다. 『**보라, 주의 날이 오나니, 네 약탈물이 네 가운데서 나뉘리라. 내가 모든 민족들을 모아 예루살렘을 대적하여 싸우게 하리라. 성읍은 함락되고 집들은 강탈당하며 여자들이 욕을 당하고, 성읍의 절**

반이 사로잡혀갈 것이나, 백성의 나머지는 성읍에서 끊어지지 아니하리라』(슥 14:1,2).

사울왕을 피해 가드로 간 다윗은 많은 대적들을 만나게 되었다. 그 대적들은 바로 가드 왕 아키스의 신하들이었다. 『**아키스의 신하들이 아키스에게 말하기를 "이 사람은 그 땅의 왕 다윗이 아니니이까? 그들이 그로 인하여 춤추고 서로 노래하며 말하기를 '사울이 죽인 자는 수천이요, 다윗이 죽인 자는 수만이라.' 하지 아니하였나이까?" 한지라, 다윗이 이 말들을 그의 마음에 두고 가드 왕 아키스를 몹시 무서워하여 다윗이 그들 앞에서 그의 행동을 바꾸어 그들의 수중에서 미친 체하고, 대문짝을 긁적거리며, 수염에 침을 흘린 채 있으니**』(삼상 21:11-13). 많은 대적들이 눈앞에 있을 때 무서워하는 것은 인간적으로 볼 때 당연한 일이다. **성도의 현실적인 대적들은 "박해자들," "물가 폭등," "질병," "기근," "전쟁," "물리적 위협," "태풍," "폭우," "비방," "실직," "파산" 등인데, 성도는 그로 인한 무서움으로 좌절하지 않고 스스로 믿음을 발휘하여 주님을 신뢰함으로 용기를 내는 데까지 나아가야 한다(삼상 30:6)**. 인생의 대적들 앞에서, 자신의 직업이나 경험, 교육, 평판, 종교, 육신, 무기, 지성, 친구들이 아닌 "하나님"을 신뢰해야 한다. 『**내가 무서워할 때에 주를 신뢰하리이다**』(3절). 성도는 무서움이 일 때 오히려 하나님의 말씀을 찬양하고, 그 말씀으로 자신을 계시하신 하나님을 신뢰해야 한다(4절). "**말씀**"에 시선을 고정시키면 나를 대적하는 "**육체**"가 보이지 않지만, "**말씀**"에서 눈을 떼면 그 즉시 나를 집어 삼키려고 하는 "**육체**"가 보이기에 그를 두려워하게 된다. 그러나 "**말씀**"을 굳게 붙잡고 신뢰하는 성도는 "**육체**"가 자신에게 행할 수 있는 것을 결코 두려워하지 않는 법이다(4절).

따라서 우리는 성도가 하나님의 말씀을 붙잡고 "**두려워하지 말아야 할**" 일곱 가지를 알아야 한다.

첫째, "**육체**"를 두려워하지 말아야 한다. 『**하나님 안에서 내가 주의 말씀을**

찬양하리니 내가 나의 신뢰를 하나님께 두나이다. 나는 육체가 내게 행할 수 있는 것을 두려워하지 아니하리이다』(시 56:4).

둘째, "이방 백성"을 두려워하지 말아야 한다. 『오직 너희는 주를 거역하지 말며 또한 너희는 그 땅의 백성을 두려워하지 말라. 그들은 우리의 밥이요, 그들의 보호자는 그들에게서 떠났으나, 주께서는 우리와 함께 계시니, 그들을 두려워 말라』(민 14:9).

셋째, "우상"을 두려워하지 말아야 한다. 『나는 주 너희 하나님이라. 너희는 너희가 거하고 있는 아모리인의 땅에 있는 아모리인들의 신들을 두려워 말라』(판 6:10). 『너희는 다른 신들을 두려워하지 말고 그것들에게 절하지도 말며, 그것들을 섬기지도 말고 그것들에게 희생제를 드리지도 말고 다만 큰 능력과 펴신 팔로 이집트 땅에서 너희를 인도하여 낸 주, 그분만을 너희는 두려워하고 그분만을 경배하며, 그분께만 희생제를 드릴지니라. 너희는 그가 너희를 위하여 기록한 규례들과 율례들과 율법과 계명을 영원무궁토록 지켜 행하고, 다른 신들을 두려워하지 말라. 또 너희는 내가 너희와 맺은 그 언약을 잊지 말며 다른 신들을 두려워하지도 말라. 오직 너희는 주 너희 하나님을 두려워하라. 그리하면 그가 너희 모든 원수들의 손에서 너희를 구해 내리라』(왕하 17:35-39).

넷째, "악"을 두려워하지 말아야 한다. 『정녕, 내가 죽음의 그림자의 골짜기를 지날지라도 악을 두려워하지 않으리니 이는 주께서 나와 함께 계심이요, 주의 막대기와 주의 지팡이가 나를 위로하심이라』(시 23:4).

다섯째, "전쟁"을 두려워하지 말아야 한다. 『군대가 나를 대적하여 진칠지라도 내 마음은 두려워하지 아니하며, 전쟁이 나를 대적하여 일어날지라도 그 가운데 나는 담대하리라』(시 27:3).

여섯째, "사람"을 두려워하지 말아야 한다. 『또 너희는 몸은 죽여도 혼은 죽일 수 없는 자들을 두려워하지 말고, 오히려 혼과 몸을 모두 지옥에서 멸하실 수 있는 그분을 두려워하라』(마 10:28). 『내가 내 친구들인 너희에게 말하노니 몸을 죽이고 난 후 더 이상 아무 일도 할 수 없는 자들을 두려워하지 말라. 그러나 너희가 누구를 두려워해야 하는지 내가 보여 주리라. 죽인 후에 지옥에 던져 넣는 권세를 가진 그분을 두려워하라. 정녕, 내가 너희에게 말하노니 그분을 두려워하라』(눅 12:4,5).

일곱째, "고난"을 두려워하지 말아야 한다. 『너는 고난받게 될 일들을 전혀 두려워하지 말라』(계 2:10).

반면 성도가 "두려워해야 할" 다섯 가지는 다음과 같다.

첫째, "하나님"을 두려워해야 한다. 『너는 **주** 너의 하나님을 두려워하고 섬기며 그의 이름으로 맹세할지니라... **주**께서는 항상 우리의 번영을 위해서 **주** 우리 하나님을 두려워하도록 이 모든 규례들을 행하라고 우리에게 명령하셨으니, 그분께서는 오늘과 같이 우리를 살아 있게 보존하셨느니라』(신 6:13,24. cf. 마 10:28).

둘째, "부모"를 두려워해야 한다. 『너희 각 사람은 자기 어머니와 자기 아버지를 두려워하고, 나의 안식일들을 지키라. 나는 **주** 너희 하나님이라』(레 19:3).

셋째 "왕"을 두려워해야 한다. 『내 아들아, **주**와 왕을 두려워하라. 거역하는 자들과 사귀지 말라』(잠 24:21).

넷째, "권세자"를 두려워해야 한다. 『이는 다스리는 자들은 선행에 대해서는 두려움이 되지 아니하고 악행에 대해서만 됨이니 네가 권세자를 두려워하지 아니하기를 원하느냐? 선을 행하라. 그러면 그에게서 칭찬을 받으리라... 두려워할 자를 두려워하고 존경할 자를 존경하라』(롬 13:3,7).

다섯째, "주인"을 두려워해야 한다. 『종들아, 모든 두려움으로 너희 주인들에게 복종하되 선하고 온화한 자들에게뿐만 아니라 까다로운 자들에게도 그렇게 하라』(벧전 2:18).

그러나 "부모, 왕, 권세자, 주인"에 대한 두려움이 "하나님"께 대한 두려움을 밀어내서는 안 된다.

『그들은 날마다 내 말들을 왜곡하며 그들의 모든 생각은 나를 대적하는 악한 것이니이다. 그들이 함께 모여 숨으며 내 걸음을 주목하여 내 혼을 기다리나이다. 죄악으로 인하여 그들이 도피하리이까? 오 하나님이여, 주의 분노로 그 백성을 내던지소서』(5-7절).

본문은 대환란 때 적그리스도에게 박해받는 유대인이 드리는 기도이며, 적그리스도의 세력에 대한 심판을 하나님께 요구하고 있다. "날마다 내 말들을 왜곡하는" 일은 초림 당시의 예수 그리스도께도 일어난 일이다. **『주께서 이런 일을 그들에게 말씀하실 때 서기관들과 바리새인들은 주를 심하게 재촉하기 시작하여 많은 것에 관해 말씀하게 하였으며 또 주를 유심히 보고 그 입에서 나오는 말에서 무엇인가를 책잡아 고소하려고 하더라』**(눅 11:53,54). **『그후 그들은 바리새인들과 헤롯 당원 몇 사람을 주께 보내어 그의 말씀에서 트집을 잡으려 하더라』**(막 12:13). 주님의 대적들은 주님의 말씀을 책잡고 왜곡하였다. 그들이 멸망하였듯이, 오늘날의 거짓 교사들 역시 "성경"을 "억지로 풀다가" 멸망하고 만다(벧후 3:16). 성경 변개자들은 자신들이 믿지 못하거나 좋아하지 않는 본문은 뜯어고친다. 모든 무신론자와 공산주의자, 카톨릭교도, 동성연애자들 역시 하나님의 말씀들을 "왜곡하여" 자신들을 지지하게 만든다. 그들 중 누구도 하나님께로부터 도피하지 못하고 지옥에 던져질 것이다.

성도의 "눈물"을 담는 병

『주께서 나의 방황함을 헤아리시오니 나의 눈물을 주의 병에 담으소서. 그것들이 주의 책에 있지 아니하나이까?』(8절)

다윗은 사울왕의 박해를 피해 방황하고 있다. 그의 방황에는 눈물이 동반되었을 것이 분명하며, 그 눈물을 『**주의 병**』에 담아 주실 것을 간구한다. 하나님께서는 성도들의 눈물을 다 보고 계신다. **하나님께서 성도의 머리카락까지도 다 세어두셨다면(눅 12:7), 우리가 이 눈물의 골짜기에서 흘리는 눈물 또한 모두 지켜보심이 분명하다**. 사람은 울면서 태어난다. 어린 시절에는 다쳐서 울고, 아파서 울고, 성장하면 사랑해서 울고, 사랑하다 헤어져서 울고, 결혼하면 아이를 낳고서 행복감에 울고, 자식이 아파서 울고, 인생의 좌절과 고통, 외로움, 비탄, 분노, 기쁨, 슬픔으로 눈물을 흘리다가, 마지막에는 사랑하는 이들의 눈물을 흘리게 하면서 죽는다. 하나님께서는 언젠가 우리의 눈에서 그 눈물들을 모두 닦아 주실 것이다(계 7:17). 『**다시는... 울부짖음이... 없으리니**』(계 21:4).

"하나님께는 우리의 눈물을 위한 『**병**』과, 우리의 허물을 위한 『**자루**』(욥 14:17)와, 우리의 생각을 위한 『**책**』(말 3:16)이 있다. (눈물 300방울을 28g으로 계산했을 때) 카인이 아벨을 살해한 뒤로 눈물 11,250,000,000,000방울이 흘려진 것이므로, 지난 6,000년 동안 흘려진 눈물을 다 모으면 미국의 렉싱턴(Lexington)급 항공모함 두 대를 띄울 수 있는 눈물이 흘려진 것이다." - 피터 럭크만

"눈물"은 그리스도인의 신앙에 있어서 매우 중요한 부분을 차지한다. 진실한 신앙은 감정적인 부분에서도 드러나는데, 우선 예수 그리스도께서도 세상에 계실 때 우셨다. 『**예수께서 우시더라**』(요 11:35). 『**그는 육체로 계시는 날들 동안 자기를 사망에서 구원하실 수 있는 분께 심한 통곡과 눈물로 기도와 간구를 드렸고 하나님께서는 그의 두려워하심을 인하여 들으셨느니라**』(히 5:7). 예수님께서도 눈물을 흘리셨는데, 우리가 눈물을 흘리지 않을 수 있는가? 하나님 앞에서 눈물을 흘릴 줄 아는 사람은 복 있는 사람이다. 항상 기뻐하기만 한다고

대단한 신앙을 소유한 것이 아니다. 우리에게 "항상 기뻐하라"고 했던 사도 바울도 눈물을 흘리며 주님을 섬겼다(행 20:19,31, 고후 2:4). 선지자 예레미야는 자기 민족의 죄악과 멸망에 대해 눈물을 흘렸던 "눈물의 선지자"였다. 이 점은 사도 바울도 마찬가지였다(롬 9:1-3).

우리가 기뻐하는 것은 주님을 기뻐하는 것이다. 주님을 섬길 때 다가오는 고난 속에서는 눈물을 흘릴 수 있는 것이다. 눈물 없는 섬김, 눈물 없는 믿음은 그만큼 그 성도의 마음이 메말라 있다는 증거이다.

또한 우리는 "죄"에 대해 눈물을 흘려야 한다. 자신의 죄로 인해 눈물을 흘려 본 경험이 있다면, 그 성도는 죄가 용서된 데서 오는 기쁨도 느껴 보았을 것이다. 예수 그리스도의 보혈은 성도 자신의 회개의 눈물이 있을 때, 더욱 분명하게 역사할 것이다. 왜냐하면 눈물 없는 회개 가운데는 가짜 회개도 있기 때문이다.

또한 "눈물의 간구"는 응답받는다는 점을 알아야 한다. 성도들이 많은 기도를 드려도 응답받지 못하는 것은, 그 기도에 눈물을 흘릴 만한 진실함도 간절함도 없기 때문이다. 열왕기하 20:5에 나오는 히스기야의 눈물의 기도를 보라. 그 기도는 즉시 응답되었다. 하나님께서는 성도가 드리는 눈물의 기도를 멸시치 않으신다. 하나님께서는 그분의 자녀들의 눈물에 대해 한없는 사랑을 갖고 계시는 것이다.

그리고 "주님의 일"을 할 때도 눈물이 필요하다. 특히 눈물을 흘리면서 씨를 뿌리는 사람만이 웃으면서 단을 거둘 자격을 갖게 된다. **『눈물로 씨를 뿌리는 자들은 기쁨으로 거두리로다. 귀한 씨를 가지고 나가서 우는 자는 정녕 기쁨으로 그의 단들을 가지고 돌아오리로다』**(시 126:5,6). 뱀에게는 눈물이 없다. 마귀에게도 눈물이 없다. 성령님의 인도를 받아 복음을 전파하고 진리를 증거하는 성도는 눈물로 말씀을 뿌릴 줄 알아야 한다. 혼들을 향한 연민과 내가 속한 지역 교회를 향한 사랑으로 눈물을 흘리면서 섬길 줄 알아야 한다.

산 자들의 빛 가운데로 다니게 하실 주님

『내가 주께 부르짖으면 그때 내 원수들이 물러가리이다. 이것을 내가 아오니 이는 하나님께서 내 편이심이니이다. 하나님 안에서 내가 주의 말씀을 찬양하리니 **주** 안에서 내가 주의 말씀을 찬양하리이다. 내가 내 신뢰를 하나님께 두었으니 나는 사람이 내게 행하는 것을 무서워하지 아니하리이다. 오 하나님이여, 주의 서원이 내게 있으니 내가 주께 찬양을 드리리이다. 이는 주께서 내 혼을 죽음에서 구해 내셨음이니 주께서 넘어짐에서 내 발을 구해 주시어 나로 하나님 앞에서 산 자들의 빛 가운데로 다니게 하지 아니하시겠나이까?』(9-13절)

다윗은 자신의 기도가 응답되어 원수들이 물러갈 것이라고 확신한다. 하나님께서 다윗 자신의 편이시기 때문에 원수들이 물러갈 것이 확실하다고 말한다. 고난 속에서 다윗이 붙든 것은 **『주의 말씀』**이었고, 그는 그 말씀을 찬양했으며, 그것은 그가 자신의 신뢰를 하나님께 두고 있다는 증거였다(4절). 말씀에 대한 신뢰는 하나님께 대한 신뢰를 보여 준다.

다윗은 **『하나님 안에서』** 주의 말씀을 찬양했다. 다윗은 "그리스도 안에" 있지 않았다. 구약 성도들 가운데는 "그리스도 안에" 있었던 사람이 아무도 없었다. 구약 성도들이 "십자가"를 앞으로 내다보고 구원받았다는 칼빈주의자들의 주장은 거짓이다. 저 유명한 "다윗"조차도 "그리스도 안에" 있지 않았다. 누군가가 "그리스도 안에" 있는 일은, 그가 예수 그리스도를 구주로 믿음으로써 성령님에 의해 "그리스도의 몸" 안에 실제적으로 넣어져야 가능하기 때문이다.

다윗은 자신의 혼을 죽음에서 구해 주신 하나님께서, 그의 발을 넘어짐에서 구해 주시어 자신을 하나님 앞에서 산 자들의 빛 가운데로 다니게 하지 아니하시겠느냐고 여쭙고 있다(13절). 역사적으로 이 말씀은 육체적으로 살아남는 다윗에 관한 내용이지만, "구원의 영원한 보장"을 소유한 신약의 하나님의 자녀들에게도 적용된다. 우리는 혼이 구원받았기에, 이 지상에서 하나님의 보호하심 가운데(벧전 1:5) 주님과 함께 **『빛 가운데』**(요일 1:7) 다닐 수 있다. 선한 목자께서는 우리를 떠나지도 버리지도 않으실 것이기 때문에(히 13:5), 만일 이 시대의 **『산 자들』**(벧전 4:5)이 이전에 즐기던 죄로 돌아가지 않고(벧전 4:3) "의의 길들"(시 23:3)을 걷는다면 선한 목자께서 주신 생명을 "더 풍성히"(요 10:10) 누릴 수 있게 된다. **『오 내 혼아, 너의 안식으로 돌아가라. 이는 주께서 너를 후대하셨음이라. 주께서는 사망에서 내 혼을, 눈물에서 내 눈을, 넘어짐에서 내 발을 구해 주셨나이다. 내가 산 자들의 땅에서 주 앞에 걸으리이다』**(시 116:7-9).

■ 새롭게 깨달았거나 적용할 내용이 있다면 적어 보세요. ■

제2과
복습문제

1. 성도는 대적들로 인한 무서움에 좌절하지 않고 스스로 (   ) 을 발휘하여 주님을 신뢰함으로 용기를 내는 데까지 나아가야 한다(삼상 30:6).

2. "부모, 왕, 권세자, 주인"에 대한 두려움이 (   ) 께 대한 두려움을 밀어내서는 안 된다.

3. 하나님의 말씀을 (   ) 하는 자들은 하나님께로부터 도피하지 못하고 지옥에 던져질 것이다.

4. 우리가 기뻐하는 것은 (   ) 을 기뻐하는 것이다.

5. 말씀에 대한 신뢰는 (   ) 께 대한 신뢰를 보여 준다.

■ 새롭게 깨달았거나 적용할 내용이 있다면 적어 보세요. ■

NOTES

제3과

사울을 피해 굴에 있을 때(57편)

『오 하나님이여, 내게 자비를 베푸소서, 내게 자비를 베푸소서. 내 혼이 주를 신뢰하나이다. 이 재난들이 지나갈 때까지 정녕, 내가 주의 날개 그늘 아래로 나의 피난처를 삼으리이다』(시 57:1).

고난과 구원

하나님의 『**마음에 맞는... 사람**』(삼상 13:14)이었던 "다윗"은 왕의 보좌에 오르기 전에 줄곧 "사울"에게 쫓겨 다녀야 했다. 사실 다윗은 사울에게 반역한 적이 없었다. 사울에게 위해를 가한 적이 전혀 없었으며 어떤 해도 끼치지 않았다. 하지만 다윗을 시기했던 사울은 그를 집요하게 추격했고 그의 목숨을 노렸다. 다윗은 전장에서 적들을 무찌르고 이스라엘 백성들을 구해 내고 보호하여, 사울왕과 이스라엘 왕국의 위상을 드높였지만, 다윗에게 돌아온 대가는 "영광"이 아니라 "고난"이었고, "칭찬"이 아니라 "박해"였으며, "명성"이 아니라 "목숨을 위태롭게 만든 괴롭고 고통스러운 현실"이었다. 다윗은 사울 앞에서 어떤 죄도 짓지 않았건만 "도망자 신세"가 되고 말았다.

그러한 다윗은 『**오 내게 비둘기처럼 날개가 있다면! 그러면 내가 멀리 날아가 안식하리라... 내가 멀리 달아나 광야에서 거하리라.**』(시 55:6,7)라고 고백했다. 이렇듯 역경과 고난은 "다윗의 생애"에서 끊이지 않았다. 그러나 하나님께서는 어떤 위험한 상황에서도 다윗을 버리신 적이 없다. 분명 그의 인생에 고난과 시련이 많았지만, 그때마다 하나님께서는 피할 길을 마련해 주셨고, 다윗을 보호하시어 구원하신 것이다. 그래서 다윗은 쉴 새 없이 밀려드는 고난 속에서 이렇게 고백했다. 『**의인이 부르짖으니, 주께서 들으시고 그들의 모든 고난으로부터 그들을 구해 내시는도다... 의인은 고난이 많으나 주께서 그 모든 고난으로부터 그를 구해 내시는도다**』(시 34:17,19).

자비와 진리로 구원하시는 하나님(1-3절)

『오 하나님이여, 내게 자비를 베푸소서, 내게 자비를 베푸소서. 내 혼이 주를 신뢰하나이다. 이 재난들이 지나갈 때까지 정녕, 내가 주의 날개 그늘 아래로 나의 피난처를 삼으리이다. 내가 지극히 높으신 하나님께 부르짖으리니, 곧 나를 위해 모든 것을 이루시는 하나님께로다. 그가 하늘에서 보내셔서 나를 삼키고자 하는 자의 비방으로부터 나를 구원하시리라. 셀라. 하나님께서는 그의 자비와 그의 진리를 보내시리로다』(시 57:1-3).

"시편 57편"은, "다윗"이 "사무엘상 24장"에서 "사울"을 피해 "엔게디 광야"의 "굴"에 숨어 있었을 때 기록한 시이다. "표제"를 보면, 「악장에게, 알타스킷, 다윗의 믹탐, 그가 사울을 피하여 굴에 있을 때」라고 되어 있는데, "알타스킷"은 "멸하지 말라"는 의미이고, "믹탐"은 "황금의 비밀"("황금의 시")이라는 뜻이다.

『**재난들**』(1절)은 질병과 박해에서부터 가난과 고통에 이르기까지 모든 재앙과 고난을 의미한다. 하나님의 자녀들은 그런 "재난들" 속에서도 "하나님을 믿고 의지해야" 한다. "믿음"은 "눈에 보이지 않는 하나님"을 "눈으로 보는 것"보다 "더 확실하게 신뢰하는 것"이다. 『**오 하나님이여, 내게 자비를 베푸소서, 내게 자비를 베푸소서. 내 혼이 주를 신뢰하나이다**』(1절). "믿음"은 지금 당장 "눈에 보이지 않는 것들"을 살아 계신 하나님의 능력과 도우심으로 "실제 눈에 보이는 것들"처럼 "하나씩 하나씩 이루어 나갈 수 있다는 확신"이다. "믿음"은 "전혀 불가능해 보이는 것"을 이루기 위해 "전능하신 하나님을 굳게 붙드는 것"이다.

"믿음"은 "사방에서 밀려오는 두려움과 압박"에서 벗어나 "가장 높은 안전지

대로 올라서는 것"이다. "믿음"은 "눈앞에 있는 장애물"을 모두 걷어 버리고 "저 멀리 평화로운 처소, 곧 가장 안전한 피난처를 바라보는 것"이다. 『**이 재난들이 지나갈 때까지 정녕, 내가 주의 날개 그늘 아래로 나의 피난처를 삼으리이다**』(1절). 또한 "믿음"은 "절망과 낙심의 자리"에서 "하나님의 손을 굳게 붙잡고 다시 일어나는 것"이다. "믿음"은 어려워서 못할 일이 없으신 하나님의 "실제적인 도우심"을 "실제로 받을 수 있는 가장 완벽한 수단"이다. 결코 약해 빠진 그리스도인이 되지 말라. "믿음 안에 굳게 서서" 남자답게 처신하고, 강건하게 고난에 맞설 수 있는 성도가 되어야 하는 것이다.

이처럼 "하나님을 신뢰하는 성도"는 전능하신 주 하나님께 부르짖게 되어 있다. 『**내가 지극히 높으신 하나님께 부르짖으리니, 곧 나를 위해 모든 것을 이루시는 하나님께로다**』(2절). 『**지극히 높으신 하나님**』은 우리를 위해 『**모든 것을 이루시는 하나님**』이신데, 이것은 "하나님께서 우리로 하여금 다음과 같은 것들을 할 수 있도록 해 주신다"는 뜻이다("피터 럭크만").

① 하나님의 말씀을 깨닫는 것.

② 기도하고 중보하는 것.

③ 건강하게 걷고 뛰고 숨 쉬는 것.

④ 음식을 소화하는 것.

⑤ 읽고 쓰고 가르치고 설교하는 것.

⑥ 생계를 유지하고 가족을 부양하는 것.

⑦ 다른 사람들을 용서하고 섬기는 것.

⑧ 상해와 죽음을 모면하는 것.

우리를 위해 『**모든 것을 이루시는 하나님**』(2절)께서는 우리를 『**삼키고자 하는**』 "모든 원수들"의 『**비방으로부터**』 "우리 성도들"을 『**구원**』하신다(3절). 모든 고난과 어려움 속에서 우리를 구원하실 수 있는 분은 온 우주에서 "위대하신 하나님 한 분"밖에 없다. 환난과 역경 속에서 우리의 기도를 들으시고 우리를 도우실 수 있는 분은 "하나님 한 분"밖에 없다는 사실을 믿어야 한다(시 50:15, 렘 33:3). 구원받은 그리스도인은 "하나님의 도우심"을 받으며 살아야 한다. 우리가 하나님께 도움을 구하기보다 사람들의 도움을 요청하고, 하나님의 도움을 받기보다 "사람들의 도움을 받는 것"에 안도감을 느끼는 것을 부끄럽게 여겨야 한다(시 62:2,5-8).

이렇듯 "우리가 믿고 섬기는 주 하나님"은 "구원의 하나님"(시 18:46; 51:14; 65:5; 68:19; 79:9 등)이시다. "구원의 반석"(시 89:26; 95:1)이시고, "구원의 뿔"(시 18:2)이시며, "구원의 방패"(cf. 시 18:35)시고, "구원의 망대"(삼하 22:51)시며, "구원의 화살"(cf. 왕하 13:17)이시고, "구원의 능력"(시 140:7)이시며, "구원의 대장"(히 2:10)이시고, "구원의 근원"(히 5:9)이시다. 특히 "구원의 하나님"께서는 "그분의 자녀들"을 위해 『**자비와... 진리를**』 보내시는데, "하나님의 자비와 진리"가 우리를 감싸고 있다. "구원의 하나님"께서 성도들을 위해 보내 주시는 "자비와 진리"는 "위대한 방패"이자, "가장 안전한 피난처"인 것이다.

■ 새롭게 깨달았거나 적용할 내용이 있다면 적어 보세요. ■

대적들에게 보응하시는 하나님(4-6절)

『내 혼이 사자들 가운데 있으며 내가 불붙은 자들, 곧 사람들의 아들들 가운데 누워 있으니 그들의 이는 창과 화살이요, 그들의 혀는 날카로운 칼이로다. 오 하나님이여, 주께서는 하늘들 위로 높임을 받으소서. 주의 영광으로 온 땅 위에 있게 하소서. 그들이 내 걸음을 붙들고자 그물을 예비하였으니 내 혼이 굴복하였나이다. 그들이 내 앞에 구덩이를 팠으나 그들 스스로가 그 한가운데로 빠졌나이다. 셀라』(시 57:4-6).

『**사자들**』(4절)로 예표되고 있는 "사탄의 세력들"은 쉴 새 없이 『**불붙은 화살**』(엡 6:16)들을 쏘아 댄다. 『**창**』과 『**화살**』과 『**날카로운 칼**』로(4절) 공격해 오는 것이다. 하지만 "지극히 높으신 하나님"이요, "구원의 하나님"께서는 대적들에게 보응하시는데, 그렇게 하심으로써 "모든 영광과 높임"을 받으시게 된다. 『**오 하나님이여, 주께서는 하늘들 위로 높임을 받으소서. 주의 영광으로 온 땅 위에 있게 하소서**』(5절). 특히 "하나님의 자녀들"을 곤경에 빠트리기 위해 "구덩이"를 파는 대적들은 "자기들이 파 놓은 구덩이"에 그들 자신이 빠지게 된다. 『**그들이 내 걸음을 붙들고자 그물을 예비하였으니 내 혼이 굴복하였나이다. 그들이 내 앞에 구덩이를 팠으나 그들 스스로가 그 한가운데로 빠졌나이다**』(6절). 전능하신 하나님께서 "성경대로 믿는 성도들"을 보호하시기에, 그들을 잘못 건드린 대적들은 큰 봉변에 빠지게 된다. 결국 "자기들이 쳐 놓은 그물"에 걸릴 것이다. 마치 "모르드캐"를 매달아 죽이려고 "교수대"를 설치했다가, 오히려 자기 자신이 매달려 죽은 "하만"처럼 되는 것이다. 『**사람들이 하만이 모르드캐를 위하여 준비한 교수대에 하만을 매달았더라. 그때서야 왕의 분노가 그치니라**』(에 7:10).

영광과 찬양을 받기에 합당하신 하나님(7-11절)

『오 하나님이여, 내 마음이 정해졌고, 내 마음이 정해졌으니 내가 노래하며 찬양하리이다. 내 영광아, 깨어나라. 솔터리야, 하프야, 깰지어다. 내가 친히 새벽을 깨우리로다. 오 주여, 내가 백성 가운데서 주를 찬양하며 내가 민족들 가운데서 주께 노래하리이다. 주의 자비는 커서 하늘들에까지 이르며 주의 진리는 구름들에까지 이르나이다. 오 하나님이여, 하늘들 위로 높임을 받으시며 주의 영광이 모든 땅 위에 있게 하소서』(시 57:7-11).

"자비와 진리"를 보내시어 "성도들"을 구원하시고 "원수들"에게 보응하심으로써, 높임을 받으시는 하나님께서는 "모든 찬양과 노래와 영광"을 받기에 합당하신 분이다(9-11절). 모든 "재난들" 속에서 "하나님의 도우심과 구원"을 경험한 성도는 마땅히 그 마음이 "어떤 환경 속에서도 하나님을 찬양하고 노래하기로 정해져" 있어야 한다(7절). 그 마음이 "하나님"께 고정되어 있는 성도는 "어떤 고난 속에서도 주님을 찬양하고 노래하고자 하는 마음"이 확정되어 있다(사도행전 16:25-40의 "바울과 실라"를 참고할 것).

한편 하나님을 올바르게 찬양하기 위해서는 우리의 『**영광**』과 『**솔터리**』와 『**하프**』와 『**새벽**』을 깨워야 한다(8절). 주님 안에 있는 "우리의 영광과 자랑"을, "하나님의 위대하심과 의로우심과 구원하심"을 드높이고 찬양하는 일에 사용해야 하고, "솔터리"와 "하프" 같은 악기를 들어 주 하나님을 찬양해야 하며, 특히 아침 일찍 "나 자신"을 깨워 주 하나님을 찬양하게 해야 하는 것이다. 그와 같은 "올바른 찬양"으로 우리는 하나님을 높이고 하나님의 영광을 드러낼 수 있는데,

이렇듯 찬송은 하나님을 영화롭게 해 드린다. 『**내가 항상 주를 송축하리라. 그를 찬양함이 계속해서 내 입에 있으리로다. 내 혼이 주를 자랑하리니 겸손한 자가 듣고 기뻐하리라. 오, 나와 함께 주를 찬미하라. 우리 함께 그의 이름을 드높이자**』(시 34:1-3).

"어떤 작곡가"가 이렇게 말했다. "어떤 사람은 무료한 시간을 달래기 위해 노래를 부르고, 어떤 사람은 세상 사람들을 즐겁게 해 주려고 노래를 부르지만, 나는 하나님을 찬양하기 위해 노래를 부른다. 그리고 그 노래는 항상 내 마음속에 있다!" 『**오 주 나의 하나님이여, 내가 내 마음을 다하여 주를 찬양하며 내가 영원무궁토록 주의 이름을 영화롭게 하리니**』(시 86:12). 『**감사함으로 그의 문들로 들어가고 찬양으로 그의 뜰들로 들어가라. 그분께 감사하고 그의 이름을 송축하라**』(시 100:4). 『**오 너희 모든 민족들아, 주를 찬양하라. 너희 모든 백성들아, 그를 찬양하라. 이는 우리에게 향하신 그의 인자하심이 크시며 주의 진리가 영원히 지속됨이라. 너희는 주를 찬양할지어다**』(시 117:1,2).

여러분은 어떤 이유로 하나님을 찬양하고 있는가? "고난 중에" 있다 해도 하나님을 찬양하는 성도가 되라. 주님께서 우리에게 큰일을 이루어 주셨기에 기쁨으로 찬양을 드리는 것은 좋은 일이다. 그러나 우리가 어려움을 당해 낙담할 때도 주님의 이름을 찬양한다면 주님께서 얼마나 기뻐하시겠는가? 기쁘고 즐거울 때는 누구나 주님께 감사를 드리며 찬양할 수 있다. 그러나 슬프고 괴로운 순간에도 주님께 찬양을 드린다면 그것은 하늘에 영광과 기쁨을 돌리는 찬양이 될 것이다. 어떤 상황에서도 우리를 보호하시고 구원하시는 하나님의 이름에 영광을 돌리라. 언제나 하나님께 온전한 찬양을 드림으로써 주님의 목전에 기쁨이 되는 성도가 되기를 바란다.

NOTES

NOTES

제4과
사울이 다윗을 죽이려고 사람들을 보냈을 때(59편)

『내게 잘못이 없는데도 그들이 달려 와서 태세를 갖추니 깨셔서 나를 도우시고 보소서!』(시 59:4)

시편 59편의 배경

골리앗을 필두로 한 필리스티아 군을 상대로 대승을 거둔 이스라엘 군이 귀환했을 때, 이스라엘의 여인들은 사울왕을 맞이하러 나와 "문제의 발언"을 하고 말았다. "사울이 죽인 자는 수천이요, 다윗이 죽인 자는 수만이라." 사울은 "그가 가질 것이 왕국 외에 더 무엇이 있겠는가?"하고 생각하며 그날 이후로 다윗을 눈여겨보았다(삼상 18:8,9).

시기심에 눈이 먼 사울은 다윗을 죽이려고 직접 시도하기도 하고 음모를 꾸미기도 했다. 그러나 다윗은 그 가운데서도 충정을 잃지 않는 우직한 모습을 보이면서(삼상 18:23-27, 19:4) 승승장구했다. 또다시 다윗을 죽이는 데 실패하여 약이 바짝 오른 사울은 마침내 그를 확실하게 죽이기 위해 밤에 사자들을 다윗 집으로 보내 지키고 있다가 아침에 그를 죽이도록 했다. 시편 59편은 다윗이 이와 같은 정황을 인지했을 때를 배경으로 한다.

죄 없는 다윗을 향한 음모

『오 나의 하나님이여, 내 원수들로부터 나를 구하소서. 나를 대적하여 일어난 그들로부터 나를 보호하소서. 행악자들로부터 나를 구하시고 피흘리는 사람들로부터 나를 구원하소서. 보소서, 그

들이 내 혼을 해치려고 숨어 기다리며 힘있는 자들이 나를 대적하려고 모였으니 오 **주**여, 나의 죄과 때문도 아니요, 나의 죄 때문도 아니니이다. 내게 잘못이 없는데도 그들이 달려와서 태세를 갖추니 깨셔서 나를 도우시고 보소서!』(1-4절)

이 부분은 다윗이 경험했던 역사적인 상황에 잘 들어맞는다. 다윗은 잘못한 게 없는데도 암살당할 위기에 처해 있었다. 이에 그는 육신의 힘으로만 살 길을 도모하거나 사람으로부터 오는 도움만을 신뢰하지 않고, 즉시로 하나님께 기도하여 자신의 처지를 토로했다. 참으로 "하나님의 마음에 맞는 사람"(삼상 13:14)다웠다고 하겠다.

여기에서 암살자들이 다윗의 "혼"을 해치려고 숨어 기다린다고 표현된 것은 전혀 오류가 아니다. 물론 암살자들이 노린 것은 다윗의 "몸"에 속한 생명이었다. 그러나 그리스도의 할례(골 2:11)라는 것이 존재하지 않았던 이때에는 하나님께 속한 사람이라고 해도 몸과 혼이 분리되지 않고 붙어 있었다. 따라서 "혼"은 맥락에 따라 "몸"을 뜻하는 표현으로 사용될 수 있었던 것이다(창 12:13, 출 1:5, 레 22:6 참조).

시편에서 다윗이 수시로 주체를 "자신"에서 "예수 그리스도," 혹은 "이스라엘"로 전환한다는 점을 염두에 둔다면, 다윗이 겪었던 이 일은 교리적으로 주님의 죄 없으심(벧전 2:22,23)과 그럼에도 불구하고 죄인들로부터 까닭 없는 미움받은 사실(요 15:25)에 적용될 수 있음을 눈치 챌 것이다. 사람들에게는 죄인들을 좋게 여기면서도(롬 1:32), 죄 없으신 하나님은 미워하는 못된 습성이 있다. 의를 미워하는 그러한 본성은 우리 인간들이 모두 악하다는 것을 증명하는 것이다(요일 3:12 참조).

이방의 악행에 대한 감찰 탄원

『그러므로 오 만군의 **주** 하나님이여, 이스라엘의 하나님이여, 깨셔서 모든 이방을 감찰하소서. 어떤 사악한 범법자에게도 자비를 베풀지 마소서. 셀라. 그들이 저녁 때 돌아와서 개처럼 짖으며 성읍을 돌아다니나이다. 보소서, 그들이 그들의 입으로 *악한 말을* 내뱉고 그들의 입술에는 칼이 있으니, 이는 그들이 말하기를 "누가 들으리요?" 함이니이다. 그러나 오 **주**여, 주께서 그들을 비웃으시리니 주께서는 모든 이방을 조롱하시리이다. 그의 힘으로 인하여 내가 주를 기다리리니 하나님께서 나의 요새시기 때문이니이다. 나의 자비의 하나님께서 나를 보호하시리니 하나님께서 나로 하여금 내 원수들 위에 임하는 나의 열망을 보게 하시리이다』(5-10절).

시편 59편은 4절까지는 일차원적으로 읽더라도 별 문제가 없지만, 5절부터는 그렇지가 않다. 다윗이 갑자기 "이방"을 언급하기 때문이다. 설령 다윗에게 왔던 암살자들 가운데 헷인 우리아처럼 이방인 용병이 몇 명 있었다고 할지라도, 다윗이 갑자기 "모든 이방"을 감찰해 달라고 하는 것은 이해하기 어렵다. 따라서 이 부분에서 말하는 주체는 다윗이 아니라 환란 시대 때의 이스라엘이라고 보는 것이 합리적이다.

실제로 환란 시대 끝에 주님께서는 여호사밧 골짜기에서 이방을 감찰하실 것인데(욜 3장), 이때 이스라엘을 박해하는 데 동참했던 이방인들은 심판을 피하지 못할 터다. 그간 잠잠히 계시는 듯했던 주님께서는 마치 잠에서 깬 자같이 깨셔서(시 78:65) 이스라엘을 대적했던 민족들을 끝장내시고(렘 30:11), 이스라엘에게는 영원한 구원을 주실 것이다(사 51:3-11).

적그리스도의 예표가 되는 산헤립과 느부캇넷살이 각각 왕하 18:13, 왕하 24:1에서 한 번 예루살렘으로 왔다가 왕하 19:8과 왕하 24:11에서 예루살렘으로 재차 진격했다. 마찬가지로 사울왕도 광야로 도망했던 다윗에게 한 차례 마수를 뻗쳤다가 재차 왔던 적이 있다(삼상 23:15-17; 24:1-6). 멸망의 아들 또한 예루살렘으로 두 번 올 것인데, 한 번은 성전을 차지하고 파괴하기 위해(살후 2:4, 마 24:15, 단 8:13; 11:31), 다른 한 번은 대환란 끝에 예루살렘을 치기 위해(슥 12:2; 14:2,3) 그러할 터다. 따라서 본문의 이방의 개들이 『**돌아와서**』 짖는다는 말씀은, 환란 시대 때 이방이 하나님의 백성과 그분께서 택하신 도성 예루살렘을 대적하여 준동할 것에 관한 예언인 것이다.

이방에 대한 다윗의 기도

『그들을 죽이지 마소서. 내 백성이 잊을까 하나이다. 오 우리의 방패 되신 주여, 주의 능력으로 그들을 흩으시고 낮추소서. 그들의 입의 죄와 그들의 입술의 말로 인하여 그들이 교만 가운데서

붙들리게 하소서. 이는 그들이 말하는 저주와 거짓말 때문이니이다. 진노하심으로 그들을 소멸하소서. 그들을 소멸하여 없어지게 하소서. 그리하여 하나님께서 야곱 안에서 땅 끝까지 다스리심을 그들로 알게 하소서. 셀라. 저녁 때 그들로 돌아오게 하시며 그들로 개처럼 짖으며 성읍을 돌아다니게 하소서. 그들로 먹을 것을 찾아 위아래로 헤매게 하시고 배부르지 않으면 울부짖게 하소서』(11-15절).

이 부분에서 주석가들은 두 파로 나뉜다. 한쪽은 "그들"을 이스라엘로 보고, 이스라엘을 죽이지 마시고 다만 그들에게 벌을 주셔서 깨닫게 하시라는 의미로 본문을 해석한다. 반면 다른 쪽은 "그들"을 이방으로 보고, 이스라엘을 공격하는 그 세력을 없애지 말고 존속하게 하셔서 이스라엘 백성들로 하여금 정신을 차리도록 해 주시라는 의미로 해석한다(판 2:21-23).

후자의 해석이 바르다는 사실은 13절에서 드러난다. 13절에서 다윗은 "그들"을 소멸하여 없어지게 해 달라고 기도하기 때문이다. 하나님께서는 『**나는 주이므로 변경하지 아니하노라. 그러므로 너희 야곱의 아들들은 소멸되지 아니하느니라.**』(말 3:6)라고 말씀하셨고, 다윗 또한 이스라엘의 소멸을 바랄 리가 없으므로 "그들"은 "이스라엘"이 될 수가 없다.

즉 다윗이 여기서 바랐던 것은, 이방(적그리스도의 군대)가 잠시간 활동하게 하시되, 그들을 흩으시고 낮추시며(11절), 만족스럽게 살도록 하지 말아주시고(15절), 결국 계속 교만하게 있다가(12절) 피할 수 없는 심판을 맞이하게 해 달라는(13절) 것이었다. 어떤 사람들은 본문의 내용을 이미 성취된 것으로 적용하려 들지 모르지만, 역사상 모든 이방이 『**하나님께서 야곱 안에서 땅 끝까지 다스리심**』을 알게 된 적은 한 번도 없었다. 그러므로 이 부분은 재림 때 일어날 일을 예언하는 것으로 보는 게 타당하다.

시편 59편은 "의의 태양"(말 4:2)이 떠오르는 재림의 아침을 암시하며 끝을 맺는다. 『**그러나 나는 주의 능력을 노래하리니 정녕, 내가 아침에 주의 자비를 큰 소리로 노래하리이다. 이는 주께서 내 고난의 날에 나의 요새와 피난처가 되셨음이니이다. 오 나의 힘이시여, 내가 주께 노래하리니 하나님은 나의 요새시며 나의 자비의 하나님이시니이다**』(16,17절). 그러나 사실 주님께서는 그 아침이 되어서야 백성들을 만나시는 게 아니다. 『**고난의 날**』, 즉 칠흑같이 어두운 대환란 기간 중에도 계속해서 요새와 피난처로서 그분의 백성들과 함께하시기 때문이다.

이와 같은 진리는 우리들로서도 얼마든지 영적으로 적용해 봄 직하다. 우리와 함께하시는 하나님, 곧 임마누엘이신 주님께서는 그분의 도움을 드러나게 나타내실 때뿐만 아니라 겉으로 보아 아무런 도움도 나타나지 않는 것 같을 때도 여전히 우리와 함께 계시며, 우리의 힘 그 자체가 되신다. 따라서 아무리 "힘 빠지는 상황"에 직면한다고 해도, 힘을 잃지 않고 노래를 흥얼거릴 수 있는 것이다!

■ 새롭게 깨달았거나 적용할 내용이 있다면 적어 보세요. ■

제4과
복습문제

1. "나의 죄과 때문도 아니요, 나의 죄 때문도 아니니이다."라는 다윗의 고백은 주 예수 그리스도께서 겪으셨던 일과 전혀 관련이 없다. (O / X)

2. 5절에서 모든 "이방"을 감찰해 달라고 다윗이 기도하는 것은, 그를 죽이려는 유대인들의 악행을 이방인들의 악행에 빗대고 있는 것이다. (O / X)

3. 6절과 14절에서 개들이 돌아와서 짖는 것에 대해 말하는 것은, 대환란 때 멸망의 아들이 예루살렘으로 두 번 올 것과 연관이 있다. (O / X

4. 다윗은 11절에서 "그들을 죽이지 마소서. 내 백성이 잊을까 하나이다."라고 기도하는데, 이때 "그들"은 "내 백성"을 의미한다. (O / X)

5. 『그러나 나는 주의 능력을 노래하리니 정녕, 내가 ( )에 주의 자비를 큰 소리로 노래하리이다. 이는 주께서 내 고난의 날에 나의 요새와 피난처가 되셨음이니이다』(16절).

■ 새롭게 깨달았거나 적용할 내용이 있다면 적어 보세요. ■

NOTES

NOTES

제5과
전쟁에서 승리했을 때(60편)

『길르앗이 내 것이요, 므낫세도 내 것이며 에프라임 또한 내 머리의 힘이요, 유다는 나의 입법자며 모압은 내 목욕통이요, 에돔 위로는 내 신을 던지리라. 필리스티아야, 너는 나로 인하여 승리의 함성을 지르라』(시 60:7,8).

이스라엘을 구원하실 예수 그리스도

시편 60편 표제에서 『**수산에듯**』이라는 말은 "**수산**"(백합화)과 "**에듯**"(증거)의 합성어로 "<u>**백합화의 증거**</u>"를 의미한다. 시편 60편 이외에 표제에 백합화가 들어간 시편은 시편 45, 69, 80편이 있다. 이 중에서 시편 45편은 솔로몬의 노래 2장과 연관이 있는데 여기서 봄에 피는 백합화, 곧 교회와(솔 2:11) 하늘의 신랑과 신부의 축제 곧 어린양의 혼인식을 볼 수 있다(솔 2:1,2).

시편 60편은 다윗 왕이 시리아와 에돔을 쳐서 승리했을 때의 상황이다(삼하 8:13,14). 이는 다윗왕의 정복전쟁 가운데 치뤄진 전쟁 중 하나로 시편 60:6-9절에서 이 전쟁에서의 승리를 찬가한다. 그런데 다윗 왕은 이제 곧 재림하셔서 이스라엘을 구원하시며 전쟁으로 이 땅을 차지하셔서 의와 화평으로 천 년간 통치하실 예수 그리스도를 예표한다. 그래서 비록 백합화로 예표되는 교회가 나오기는 하지만 전반적으로 시편 60편은 예수 그리스도의 재림에 관한 모습을 볼 수 있다.

▪ 새롭게 깨달았거나 적용할 내용이 있다면 적어 보세요. ▪

마지막 때의 이스라엘(1-5절)

『수산에둣으로 악장에게, 교훈을 위한 다윗의 믹탐, 그가 아람나하라임과 아람소바와 싸우고, 요압이 돌아와 소금 골짜기에서 에돔을 쳐 일만 이천 명을 죽였을 때.

오 하나님이여, 주께서 우리를 내버리셨고 주께서 우리를 흩으셨으며 주께서 노하셨으나, 오 우리에게로 다시 돌이키소서. 주께서 땅을 진동케 하시어 그것으로 갈라지게 하셨나이다. 그 갈라진 틈들을 고치소서. 땅이 흔들리나이다. 주께서 주의 백성들에게 어려운 일들을 보이셨으며 주께서 우리로 놀람의 포도주를 마시게 하셨나이다. 주께서 주를 두려워하는 자들에게 깃발을 주시어 진리로 인하여 그것을 게양하게 하셨나이다. 셀라. 주의 사랑하시는 자가 구제되도록 주의 오른손으로 구원하시며 내게 들으소서』(1-5절).

1절에서 이스라엘이 하나님께 버림을 받고 흩어지게 되며 노함을 입게 된 것은 메시아로 오신 예수 그리스도를 거부하고 십자가에 못박아 죽였기 때문이다(눅 13:35, 마 23:38). 이는 현재 교회 시대의 암울한 이스라엘의 상태를 보여준다.

『그러나 주께서 우리를 버리셨고 수치를 당하게 하셨으며 우리의 군대들과 함께 진군하지 아니하시나이다』(시 44:9).

예수 그리스도께서는 이스라엘이 메시아를 거부하고 십자가에 못박아 죽일 것을 아시고는, 그들에게 요나의 표적을 제시하셨다(마 12:38,39). 부활의 표적을 보고서라도 이스라엘이 자신을 메시아로 받아들이기를 원하셨던 것이다. 그래서 부활하신 후에 베드로와 열두 제자들 그리고 오백여 명에게 일시에 보이셨다(고전 15:4-6). 또한 사십 일 동안 사도들과 제자들에게 보이시며 하나님의 나라에 관한 일들을 말씀하셨다(행 1:3). 그 후에 그들이 함께 모여 있을 때 그들이 보는 데서 승천하시어(행 1:6,9) 부활하셨다는 사실을 표적으로서 분명히 제시하셨다. 이뿐만이 아니라 이러한 사실을 베드로가 첫 번째 설교와(행 2:22-36) 두 번째 설교에서 언급했다(행 3:12-15). 그리고 박해 가운데서도 증거하고(행 5:29,30) 마지막으로 스테판이 예수 그리스도께서 부활, 승천하셔서 이제 하늘에서 서 계신 것을 보았다고 말하며(행 7:56) 민족적인 회개를 촉구했지만, 유대인들은 큰 소리를 지르며 일제히 귀를 막고 스테판에게 달려들어 그를 성읍 밖으로 끌어내어 돌로 쳐서 죽인다. 모세와 같은 선지자로 오신 예수 그리스도를 철저하게 거부한 것이다. 그 결과 하나님께서는 그들을 A.D. 70년과 A.D. 135년에 철저하게 흩어 버리셨다.

그런데 1절에서는 자신들에게로 다시 돌이키시라고 말하고 있다. 예수 그리스도께서 다시 돌이키시는 때는 바로 재림의 때이다. 하지만 아직 돌이키신 상황은 아니므로 1절의 말씀은 예수 그리스도께서 다시 오실 상황 곧 교회 시대의 끝과 대환란의 시작 부분을 암시하는 말씀으로 볼 수 있다. 대환란이 시작되기 전에 교회는 들림을 받기 때문에 교리적으로 재림에 있을 상황과 유대인들을 다루시는 말씀임을 알 수 있게 된다.

그렇기에 이어지는 2절 말씀에서 대환란 시대에 벌어지는 일들을 엿보게 된다. 땅이 진동하고 갈라지며 땅이 흔들리는 대환란 기간에 벌어질 지각 변동, 지진에 관해 말씀하고 계신 것이다(사 24:18,19, 학 2:6,7, 히 12:26, 마 24:7). 그런데 이스라엘은 그 갈라진 틈들을 고쳐 달라고 말한다. 1절에서 자신들에게 다시 돌이키시라는 열망을 다시금 표현하고 있는 것이다. 하지만 그들은 대환란 기간에 먼저 『**어려운 일들**』(3절)을 당할 것이다. 이해하거나 받아들이거나 믿기에 어렵든지, 참기 어렵든지, 감사하기 어렵든지 간에 그들이 통과해야 할 어려운 일들이다. 이는 곧 야곱의 고난의 때에 관한 말씀으로(렘 30:7), 지속되는 고난 속에 그들은 『**놀람의 포도주**』를 마시게 되는 것이다. 결국 그들의 열망대로 하나님께서는 이스라엘을 다시 돌이키시고 갈라진 틈들을 고쳐 주시어서 금과 같이 되어 나오겠지만 그것은 그들이 대환란이라는 고난과 연단의 과정을 거친 후의 일이다(욥 23:10).

4,5절 말씀에서 5절의 『**주의 오른손**』은 예수 그리스도이시고, 『**사랑하시는 자**』는 이스라엘을 나타낸다(시 17:7; 20:6; 21:8; 44:3; 48:10). 즉 4,5절의 말씀은 교리적으로 예수 그리스도께서 사랑하시는 유대인들을 승리케 하신다는 말씀이다. 또한 4절 말씀에서는 영적인 교훈도 얻을 수 있다. 『**주께서 주를 두려워하는 자들에게 깃발을 주시어**』라는 말씀에서 "**깃발**"의 이름은 "**사랑**"이다(솔 2:4). 모든 사람들이 볼 수 있도록 깃발을 게양하는 것처럼, 하나님의 사랑은 보여지게 드러나야 한다는 것이다(요이 1:5,6).

특히 4절의 셀라라는 말씀은 이 구절이 재림과 관련된 말씀임을 다시 한번 확인해준다. 대부분의 성경 주석가들은 셀라라는 말을 시로 노래하는 중간 쉬는 용도나 음악적인 표시 정도로 생각한다. 하지만 시편 말씀에서 볼 수 있는 "**셀라**"는 "**예수 그리스도의 재림**"과 관련된 구절에서 발견되는 특별한 표현이다. 그래서 셀라라는 말이 나올 때에는 전후 구절에서 예수 그리스도의 재림에 관한 내용을 볼 수 있는 것이다.

또한 셀라라는 단어는 "**바위**"(rock)를 의미하는데 대환란 기간에 유대인 남은 자들이 사해 남쪽으로 가 "**셀라 페트라**" 곧 "**바위 성읍**"으로 들어갈 것이다(마 24:16, 호 2:14, 계 12:6). 이 반석은 "**도피의 반석**"(삼상 23:28)으로 신명기 32장의 모세의 노래에서도 "**바위**"(Rock)가 계속해서 반복해 나오는데, 모세의 노래 전체는 재림을 다루고 있다(시 107:4,7,36; 108:10; 31:21, 전 10:15). 주님께서 흰 말을 타시고 시내산으로부터 오셔서(신 33:2) 에돔을 통해("**파란**

산", 합 3:3) 왕의 대로로 오실 때, 적그리스도의 박해를 피해 그곳에 숨어 있는 이스라엘을 구원해 주실 것이다.

전쟁에서 승리하시는 예수 그리스도(6-12절)

『하나님께서 자신의 거룩하심으로 말씀하셨도다. 내가 기뻐하리라. 내가 세켐을 나누며 숙콧 골짜기를 측량하리라. 길르앗이 내 것이요, 므낫세도 내 것이며 에프라임 또한 내 머리의 힘이요, 유다는 나의 입법자며 모압은 내 목욕통이요, 에돔 위로는 내 신을 던지리라. 필리스티아야, 너는 나로 인하여 승리의 함성을 지르라. 누가 나를 견고한 성읍으로 데려가며 누가 나를 에돔으로 인도할 것인가? 오 하나님이여, 우리를 내버리셨던 주께서 하지 아니하시겠나이까? 오 하나님이여, 우리의 군대와 함께 나가지 아니하셨던 주께서 하지 아니하시겠나이까? 고난에서 우리를 도우소서. 사람의 도움은 헛되나이다. 하나님을 통하여 우리가 용감히 행하리니 이는 그가 우리의 원수들을 짓밟으실 분이심이로다』(6-12절).

6절 『**내가 세켐을 나누며 숙콧 골짜기를 측량하리라.**』라는 말씀을 통해 보건데 예수 그리스도께서 재림하시면 이스라엘을 다시 그분의 백성으로 삼으시고 아브라함의 언약대로(창 15:18-21) 온 팔레스타인 땅을 이스라엘에게 유업으로 주실 것이라는 사실을 알 수 있다.

7,8절 말씀에서 므낫세 반 지파의 유업은 요단 동편 길르앗과 관련이 있다. 정복 전쟁 당시 군대의 선두에 섰던 여호수아는 에프라임 지파 출신이고, 칼렙

과 다윗은 유다 지파 출신이다. 『**모압은 내 목욕통이요**』라는 독특한 표현이 있는데, 이것은 일종의 발 씻는 통이라고 말할 수 있다. 모압인들은 자기들을 정복한 자들이 신은 신발의 "**신발끈을 푸는**" 종들이 되기 때문이다. "목욕"(wash)이라는 말에서 얻을 수 있는 영적인 교훈이 하나 있다. 모압에는 세 종류의 "wash"가 있다. 하나는 쓸려가 버린 사람(washed out), 하나는 밀려 들어간 사람(washed in), 또 하나는 씻겨진(washed) 사람이다. 나오미는 그녀의 고난에서 "씻겨지고"(washed) 깨끗해졌다. 나오미의 며느리 룻은 좋은 가족 안으로 "밀려 들어갔다"(washed in). 나오미의 또 다른 며느리 오르파는 "쓸려가 버렸다"(washed out). 그녀는 자신의 신들에게로 도망가 버린 것이다. 사람이라면 누구나 예수 그리스도의 피로 씻겨져(washed) 하나님의 아들로 밀려 들어가야 한다(washed in). 그리고 매일의 삶 가운데 먼지처럼 달라붙는 죄들을 예수 그리스도의 보혈로 깨끗히 씻어야 하는 것이다. 신발을 벗어 버리는 것은 소유권이 바뀌는 것을 나타내므로(룻 4:6-8, 신 25:8-10), 에돔 위로 신을 던진다는 말씀은 하나님께서 에돔을 점령하시는 것으로 볼 수 있다(옵 1장).

9절의 말씀에서 유대인들이 환란 때 있게 될 견고한 성읍은 에돔에 있는 셀라이다(애 4:21, 욥 1:1). 셀라는 에돔에 있는 바위 요새의 이름이다(왕하 14:7). 오늘날에는 "셀라 페트라" 혹은 "페트라"로 불려진다. 유대인들은 대환란 기간에 셀라 페트라에서 적그리스도를 피하여 하나님께서 내려 주시는 만나를 먹고 기적적으로 부양받을 것이다(미 7:14-15, 계 12:6,14). 이는 마치 광야에 있었던 이스라엘에 대해 행하셨던 것과 같다(미 7:14). 누가 이 셀라 페트라, 견고한 성읍로 이스라엘을 데려가며 에돔으로 인도할 것인가? 10절에서 바로 이스라엘을 버리셨던 주 하나님께서 하지 아니하시겠냐고 말한다. 비록 하나님께서는 대환란 기간에 이스라엘 군대와 함께 나가시지 않으셨지만 재림때에는 그들과 함께 나가시고 전쟁을 직접 지휘하실 것이다(수 5:14, 슥 14:3, 계 19:11-16).

11절 말씀은 물론 영적으로 적용할 수도 있지만, 문맥적으로는 여기서의 고난은 야곱의 고난의 때(렘 30:7) 즉 칠십 번째 주에 유대인들이 겪게 될 고난을 말한다. 이스라엘은 말들을 의지하고 병거들을 의뢰하며, 그의 호흡이 콧구멍에 있는 사람들을 바라보았다(사 31:1). 하지만 대환란 기간을 거치면서 사람의 도움은 헛되다는 사실을 깨닫고 오직 나의 도움이 하늘과 땅을 지으신 주께로부터 온다는(시 121:2) 고백을 하게 되는 것이다. 이제 예수 그리스도께서 돌아오실 때, 주님께서는 유대인들을 그들의 민족적인 죄들로부터 구속하실 뿐만 아니라(시 25:7, 롬 11:26,27) 고난에서 그들을 도와 그들의 『**원수들**』(시 25:2)로부터도 구원하실 것이다. 물론 그리스도인들에게 영적으로 적용하여 고난에 처할 때 그 어떤 사람도 바라보지 않고 오직 믿음 가운데 주님의 도우심으로 그 고난에서 벗어날 수 있다고 적용할 수도 있다. 하지만 교리적으로 주님께서 재림하시면서 유대 민족을 고난에서 도우셔서 그들의 원수들을 발아래 짓밟으실 것에 관한 말씀인 것이다(12절, 삼하 22:38-43).

■ 새롭게 깨달았거나 적용할 내용이 있다면 적어 보세요. ■

제5과
복습문제

1. 대환란이 펼쳐질, 마지막 시대의 표적 중 하나는 빈번하게 발생하는 지진이다. (O , X)

2. 이스라엘은 결국 회복될 것이지만, 그것은 대환란이라는 고난과 연단의 과정을 거친 후의 일이다. (O , X)

3. "셀라"는 시로 노래하는 중간 쉬는 용도나 음악적인 표시다. (O , X)

4. "셀라"는 (   )과 관련된 구절에서 발견되는 독특한 표현이다.

5. 예수 그리스도께서 재림하시면 이스라엘을 다시 그분의 백성으로 삼으시고 아브라함의 언약대로(창 15:18-21) 온 팔레스타인 땅을 이스라엘에게 주실 것이다. (O , X)

■ 새롭게 깨달았거나 적용할 내용이 있다면 적어 보세요. ■

NOTES

제6과
유다 광야에 있었을 때(63편)

『오 하나님이여, 주는 나의 하나님이시오니, 내가 일찍 주를 찾으리이다. 내 혼이 주를 갈망하오며 내 육신이 건조하고 메마른 물 없는 땅에서 주를 사모하오니』(1절)

다윗과 유다 광야

다윗은 유다 광야와 인연이 깊다. 유다 광야는 베들레헴에서 양을 치던 때의 다윗에게는 양을 칠 초지가 되어 주었고(삼상 17:28), 사울로부터 도망치던 때에는 몸을 숨길 곳이 되어 주었다(삼상 23:14; 24:1). 압살롬이 반역했을 때 다윗이 피신했던 곳도 역시 이곳이었다(삼하 15:23).

유다 광야는 서쪽으로는 예루살렘을, 동쪽으로는 사해를 두고 남북으로 약 76km 가량 뻗어 있는 광야이다. 동서로는 26km 가량 되는데, 서부 지역은 그런대로 비가 꽤 오지만 동쪽으로 갈수록 매우 가물어서 연평균 강수량이 100mm 정도밖에 되지 않는 곳도 있을 정도다. 다윗은 현재 자신의 목숨을 노리는 자들을 피해 이런 척박한 환경 속에 있는 것이었다.

주님에 대한 갈망

『오 하나님이여, 주는 나의 하나님이시오니, 내가 일찍 주를 찾으리이다. 내 혼이 주를 갈망하오며 내 육신이 건조하고 메마른 물 없는 땅에서 주를 사모하오니 이는 내가 성소에서 주를 보았던 것처럼 주의 권능과 주의 영광을 보기 위함이니이다』(1,2절).

다윗은 자신의 하나님을 "일찍" 찾았다. 그의 혼이 그분에 대한 갈증으로 애탔기 때문이요, 육신이 그분을 바랐기 때문이다. 마치 수학여행을 가는 날 아침이면 평소 잠꾸러기인 학생들도 눈을 번쩍 뜨는 것처럼 말이다. 학생들을 그렇게 만드는 원동력은 일상적 아침에 그들을 지배하던 "의무감"이 아니라, 특별한 날을 맞아 생겨난 "기대감"이다. 주님과의 인격적 관계가 잘 형성된 성도의 기도 생활도 이와 같다. 바쁘거나 마음이 눌릴 때도, 혹은 당장에 기도로 해결해야 할 문제가 없을 때도 그는 변함없이 "일찍" 그분을 찾는다. 주님을 찾는 것 자체가 그에게 즐거움이기에 미적댈 이유가 없는 것이다.

한편, "광야", "건조하고 메마른 물 없는 땅", "갈망함"이라는 표현은 모두 대환란 때 광야로 도망할 유대인들의 상황을 보여 주는 그림이기도 하다. 그때에 유대인들은 하나님의 초자연적인 도우심을 통해서만 물을 구할 수 있기에(사 41:17,18; 49:10), 주님의 돌보심을 더더욱 바랄 수밖에 없게 될 것이다. 시편의 다른 곳에는 『**내가 주께로 내 손을 펼치며 내 혼이 마른 땅처럼 주를 갈급해 하나이다. 셀라.**』(시 143:6)라는, 본문과 매우 유사한 말씀이 있는데, 이 말씀은 "셀라"라는 표현을 통해 그 자체가 교리적으로 환란 시대 때의 유대인들에게 적용됨을 나타내고 있다.

"성소"는 아무나 출입할 수 있는 곳이 아니기에, 학자들 가운데는 "성소에서" 주님을 보았다는 다윗의 진술을 잘 받아들이지 못하는 자들이 더러 있다. 제미에슨, 포셋, 브라운은 이 문제에 대해 다루기를 거부했고, 크롤은 시제를 고쳐서 다윗이 미래의 일을 말하고 있는 것으로 해석했다.

그러나 다윗이 "들어가 주 앞에 앉았다"(삼하 7:18)는 성경의 증언을 듣자면, 다윗이 성소에 들어가서 주님을 보았다는 것을 믿지 못할 이유가 없다. 게다가, 다윗은 유다 지파 출신이었지만, 레위 지파에게 맡겨진 제사장으로서의 임무도 때로 수행했다(삼하 24:25). 다윗은 왕이요 선지자이자 제사장이신 주 예수 그리스도의 예표가 되는 인물이기 때문에 하나님께서는 그런 일들을 허락하셨던 것이다.

생명보다 나은 자애

『주의 자애가 생명보다 나으므로 내 입술이 주를 찬양하리이다. 그러므로 내가 살아 있는 동안 주를 송축하며 주의 이름으로 내 손을 들어올리리이다. 내 혼이 골수와 기름진 것으로 배부르며 내 입이 즐거운 입술로 주를 찬양하기를 내가 내 침상 위에서 주를 기억할 때와 밤 경비 중에 주를 묵상할 때에 하리이다. 주께서 나의 도움이 되셨으므로 내가 주의 날개 그늘 안에서 기뻐하리이다. 내 혼이 주를 가까이 따르오니 주의 오른손이 나를 떠받치나이다』(3-8절).

성경에서 자애(lovingkindness)는 주 하나님께서 인간들을 품어 주시고 가까이 해주시는 맥락에서 종종 사용되는 단어이다(시 17:7; 36:7, 렘 31:3). 사족일지 모르겠으나 덧붙이자면, 흥미롭게도 여기에서 "자애"가 "일찍"이라는 표현과 함께 언급되는 것과 비슷하게, "자애"가 "아침"과 함께 언급되는 사례들도 몇 있다(시 92:2; 143:8).

"자애"의 용례를 염두에 둔다면, 다윗은 현재 "주님께서 저를 품어주셨기에

사는 의미가 있습니다. 그렇지 않다면 살아서 무엇 하겠습니까?"하는 심경으로 주님을 찬양하고 있는 것이라고 하겠다. 다윗은 이것만으로도 평생토록 주님을 송축하고 그분께 기도할(손을 들어올림) 이유가 된다고 고백한다. 이러한 고백은 눈에 보이는 모든 좋은 것들이 제해졌을지라도 여전히 주님을 기뻐하고 즐거워하겠다던 선지자 하박국의 기도를 떠올리게 한다(합 3:17,18).

『**주의 날개 그늘**』이라는 표현은 자기 백성을 향한 주님의 자애를 잘 묘사하는 표현이다. 주님께서는 『**마치 독수리 한 마리가 제 보금자리를 휘젓고 자기 새끼들 위에 날개를 퍼덕이며 그 날개를 펴서 새끼들을 받아 자기 날개 위에 새끼들을 업는 것같이**』(신 32:11) 이스라엘 백성들을 이집트에서 데리고 나오셨고, "마치 암탉이 자기 병아리들을 날개 아래 함께 모으듯이"(마 23:37) 자주 그들을 그분께로 모으려고 하셨다. 비록 유대인들이 그러한 주님의 자애를 거부한 대가로 대환란에 들어가야 한다고 해도, 주님께서는 "새가 나는 것같이 그들을 보호하심으로써"(사 31:5) 여전히 그분의 자애하심을 보이실 것이다.

이른 시간뿐 아니라 늦은 시간에도 여전히 다윗의 마음에는 그의 주 하나님이 계셨다는 것도 주목해 볼 만하다. 침상 위에 있을 때도, 밤 경비 중에도 다윗은 그분을 기억하고 묵상했다. 시편의 다른 곳에서 다윗이 『**내가 옛날을 기억하고 주께서 행하신 모든 일들을 묵상하며 주께서 손으로 하신 일들을 생각하나이다.**』(시 143:5)라고 말하는 것을 함께 놓고 보면, 우리는 다윗은 구약의 율법을 통해 계시된 옛적의 하나님의 위대한 일들을 생각하면서 밤 시간을 보내곤 했음을 어렵지 않게 알 수 있다.

주님을 기억하고 묵상하려 할 때 철학적 방법론을 사용한다거나, 나름대로의 상상력을 발휘한다거나 하는 것은 어리석은 시도다. 그럴 때 우리가 해야 할 일이란, 자신이 읽었던 하나님의 말씀을 떠올리는 것이다(요 5:39).

대적들의 최후

『그러나 나의 혼을 찾아 그것을 멸하려 하는 자들은 땅의 더 낮은 부분들로 들어가리이다. 그들이 칼에 쓰러지며 여우들의 몫이 되리이다. 그러나 왕은 하나님을 즐거워하리니 주로 맹세한 자마다 자랑하나 거짓말하는 자들의 입은 막히리이다』(9-11절).

주님을 찬양하기를 마친 다윗은 이제 화두를 자신을 대적한 자들에게로 전환한다. 다윗은 그들이 칼에 쓰러져 몸은 여우들에게 먹히고 그 혼은 『**땅의 더 낮은 부분들**』, 곧 지옥으로 갈 것임을 이야기하고 있다. 다윗의 대적들의 최후를 말하는 이 부분은 적그리스도와 거짓 선지자가 산 채로 불못에 던져지고, 나머지 적그리스도를 따르던 자들은 주 예수 그리스도의 "칼"에 의해 살해당하는 모습과 잘 중첩된다(계 19:20,21). 이어지는 11절에서도 다윗은 삼인칭 표현을 사용하여 『**왕은 하나님을 즐거워하리니**』라고 말함으로써 우리가 "왕"을 다윗 자신뿐 아니라 재림하셔서 통치하실 주님으로도 볼 수 있도록 했다.

『땅의 더 낮은 부분들』은 주 예수 그리스도께서 다녀오셨던 곳이기도 하다. 실제로 지하 세계는 여러 "부분들"로 구성되어 있고(눅 16:23-26), 지옥만 하더라도 여러 부분들로 구획되어 있다. 지옥에 "문

"문들"(마 16:18)과 "빗장들"(욘 2:6)이 있다는 사실로 미루어 볼 때 이는 분명한 사실이다.

지하 세계에 가셨을 때 주님께서는 그분께서 담당하셨던 인류의 죄를 지옥에서 처리하셨고(요 1:29), 타락한 천사들에게 미래에 있을 심판을 선포하셨으며(벧전 3:19), 지하 낙원에 있던 구약 성도들에게 온전한 구속을 전파하셨고(벧전 4:6), 구약 성도들을 사로잡아서 하늘로 올라가셨다(엡 4:9,10).

크리소스톰은 시편 63편을 가리켜 "시편 전체의 정신과 생명이 이 시편에 응축되어 있다."라고 말했다. 시편이 "복 있는 사람", 곧 "행복한 사람"(창 30:13 참조)을 다루고 있음을 감안한다면 충분히 수긍이 되는 말이다. 행복한 사람이란 주 여호와께서 자기 하나님인 사람으로(시 144:15), 그분을 자신의 도움으로 삼고 소망을 그분께 두는 사람이다(시 146:5). 곧 행복한 사람이란 주 하나님과 교제가 있는 사람이라고 할 수 있는데, 시편 63편은 그런 사람에 대해 다른 어떤 시편보다도 잘 보여주고 있는 것이다. 여기에서 노래하는 것처럼 일찍 주를 찾고, 그분을 갈망하고, 사모하고, 찬양하고, 기억하고, 묵상하고, 기뻐하고, 즐거워한다면 우리도 그처럼 행복한 인생을 향유할 수 있을 것이다.

■ 새롭게 깨달았거나 적용할 내용이 있다면 적어 보세요. ■

제6과
복습문제

1. 『오 하나님이여, 주는 나의 하나님이시오니, 내가 (   ) 주를 찾으리이다. 내 혼이 주를 갈망하오며 내 육신이 건조하고 메마른 물 없는 땅에서 주를 사모하오니』(1절)

2. 유다 지파 출신이었던 다윗이 성소에 들어갈 수 있을 리는 없으므로, 성소에서 주를 보았다는 2절의 말씀은 비유적으로 해석해야 한다. (O / X)

3. 『주의 (   )가 생명보다 나으므로 내 입술이 주를 찬양하리이다』(3절).

4. 다윗은 6절에서처럼 주를 묵상할 때, 자신의 독창적 상상력을 발휘하여 하나님께서 어떤 분이신지를 마음에 그려 보았을 것이다. (O / X)

5. 다윗이 9절에서 자신의 대적들이 땅의 더 낮은 부분들로 들어갈 것이라고 말했던 것은, 그들의 지위가 낮추어질 것을 의미하는 것이지 그들이 실제 땅 속의 장소로 가는 것에 대해 말한 것이 아니다. (O / X)

■ 새롭게 깨달았거나 적용할 내용이 있다면 적어 보세요. ■

NOTES

NOTES

복습 문제 정답

제1과

1. 시기심
2. 교리
3. 위로
4. 재련
5. 칭찬, 존귀, 영광
6. 분리

제2과

1. 믿음
2. 하나님
3. 왜곡
4. 주님
5. 하나님

제4과

1. X
2. X
3. O
4. X
5. 아침

제5과

1. O
2. O
3. X
4. 예수 그리스도
5. O

제6과

1. 일찍
2. X
3. 자애
4. X
5. X

< 추 천 도 서 >

창세기 I

피터 S. 럭크만 지음 / 582쪽

25,000원(eBook 17,500원)

신구약에 나오는 모든 주요 교리는 창세기의 처음 12장에서 전부 발견 된다. 본서는 하늘들과 땅, 인간, 죄, 구속, 인종, 언약들의 기원 및 예수 그리스도와 적그리스도의 예표 등을 보여 준다.

창세기에 나타난 그리스도의 초상화들

M. R. 디한 지음 / 264쪽

12,000원(eBook 8,400원)

이 책은 창세기에 그리스도의 모습이 얼마나 다양하게 나타나 있는가를 잘 보여 준다. 우리는 그 모습을 보면서 주님을 더 사랑할 수 있을 것이다.

성경지도

편집부 지음 / 112쪽 / 15,000원

이 책 한 권으로 성경의 지리들을 이해함과 동시에, 구약과 신약에 있어 개론적으로 알아야 할 모든 것들을 이해할 수 있게 된다.

믿음의 좁은길

조지 문델 지음 / 152쪽

4,000원(eBook 2,900원)

이 책은 아브라함의 생애를 조명하는 가운데 우리가 그리스도인으로서 승리의 삶을 살 수 있는 방법을 제시하고 있다.

솔로몬 성경공부 시리즈

다윗의 이야기가 있는 시편 II

초판인쇄　2025년 10월 16일
초판발행　2025년 10월 17일
지 은 이 / 편 집 부
발 행 인 / 박 승 용
발 행 처 / 말씀보존학회
출판등록 / 제409-2022-000036호
주　　소 / 서울 강서우체국 사서함 제90호
전　　화 / (02) 2665 - 3743
팩　　스 / (02) 2665 - 3302
인 터 넷 / www.biblemaster.co.kr

잘못된 책은 바꿔 드립니다.

값 10,000 원